JN308711

基礎からはじめる
インド占星術入門

本多 信明

はじめに

　私は種々の占術の勉強をしてきましたが、インド占星術にはじめて偶然触れた時、その的中率の高さと背景にある深い哲学に感動したものです。インド占星術は思想的背景にヴェーダ哲学を持ち梵我一如、カルマ、輪廻転生など大変にスピリチュアルな要素を持ちます。しかしその反面、占いの展開そのものは非常に論理的・数学的で、鑑定内容は具体的かつ現実的という特徴を持ちます。一方で宿命を説くかと思えば、それに対する開運の処方箋も実に豊富に存在します。こういうインド占星術に魅力を感じて、その基本的内容をぜひ知りたいという方々は潜在的には大変多いと思います。

　ところが残念ながら日本にはそういう本格的なインド占星術の本は皆無でした。研究家の努力によるすぐれたインド人占星術の翻訳本はありますが、初心者にはいささか難解です。あるいはナクシャトラ（月の星宿）という狭い範囲のみを扱った本はありますが、本格的なインド占星術とは言い難いと思います。日本人のインド占星術家によるパラーシャラ系の分かりやすい本格的なインド占星術の本はありませんでした。そういうわけで、いつかそのような本を書きたいと思っていましたが、難解と思われたのかなかなかチャンスが巡ってきませんでした。今回、説話社の方々の理解を得て、ようやく出版にこぎつけました。私の意図するところが書ききれているかどうかは分かりませんが、少しでもインド占星術の骨組みと魅力を知っていただければ幸いです。

Contents

はじめに　3

解説編

I　インド占星術とは　8

1　理論的基礎となるヴェーダ哲学　9
「宿命（カルマ）」とは何か……………………………9
ヴェーダ哲学におけるカルマ……………………………10
カルマと自由意志と努力の価値……………………………12

2　背景　13
成り立ち……………………………13
ホロスコープ……………………………15
天文学的特異点……………………………16

II　インド占星術の特徴　17

1　何が読めるか　17
インド占星術における4分野……………………………17
ジャータカ（ネイタル）で分かること……………………………18

2　他の占星術との違い　19
西洋占星術との違い……………………………19
インド占星術におけるホロスコープ……………………………23
分割図……………………………24
占う際の注意点……………………………26

III　インド占星術の基礎知識　28

1　ハウスシステム　28
トロピカル方式とサイデリアル方式……………………………28
歳差運動とアヤナムシャ……………………………29

2　星座（サイン）　30
星座（サイン）について……………………………30

		星座（サイン）区分……………………………………32
		惑星の在住と支配星座……………………………34
		星座の特徴・象意一覧……………………………37
	3	惑星　40
		惑星について……………………………………40
		支配と在住………………………………………42
		品位………………………………………………43
		惑星の特徴・象意一覧……………………………48
	4	ハウス　58
		ハウスについて…………………………………58
		アセンダントとラグナ……………………………58
		分類………………………………………………59
		人生時期との対応………………………………63
		ハウスの特徴・象意一覧…………………………66

IV 組み合わせの基礎　68

　1　コンビネーション　68
　　　コンビネーションとは……………………………68
　　　星座交換…………………………………………68
　　　コンジャンクション………………………………69
　　　アスペクト………………………………………70
　　　在住………………………………………………74
　2　ヨガ　80
　　　ヨガとは…………………………………………80
　　　基本のヨガ………………………………………81
　　　その他の主要なヨガ……………………………83
　　　不運なヨガ………………………………………88

V 予測技法　90

1 チャートを読み解く3つの手順　90
ラーシチャート（ネイタルチャート）を読む……………90
ナヴァムシャチャート（第9分割図）を読む………91
ヴィムショッタリ・ダシャーを読む………………92

2 ヴィムショッタリ・ダシャーの見方　93

3 トランジット法　97
トランジットとは……………………………………97
トランジットとハウス………………………………97
木星・土星のダブルトランジット法………………98

4 ダシャーとトランジットの関係………………103

実践編

VI ホロスコープ分析　106

1 読み解き手順　106
読み解き手順…………………………………………106
読み解き手順の解説…………………………………107

2 有名人ホロスコープの読み解き　110
オードリー・ヘップバーン（女優）………………110
バラク・オバマ（第44代アメリカ大統領）………122
エドガー・ケイシー（心霊治療家）………………128

VII インド占星術フリーソフト　138

COLUMN 1　サイン・惑星・ハウスの応用………………75
COLUMN 2　本田宗一郎と藤沢武夫〜事業家の相性〜………133

巻末資料……………………………………………………142
おわりに……………………………………………………155
著者紹介……………………………………………………156

解説編

まずは基礎からおぼえよう

Ⅰ. インド占星術とは

　インド占星術は、インド固有の 27 ナクシャトラ（月の星宿）とギリシャ古典占星術が長い時間をかけて融合してできたものです。そしてその根底にはヴェーダ思想に基づく宿命（カルマ）や輪廻転生の考え方が据えられています。意識の深いレベルに過去世からの行為の記憶を宿し、その潜在意識が星の動きに触発されて人生の様々な事柄が現象化すると考えるのが、インド占星術の運命観です。従って、インド占星術はスピリチュアルな側面を持ちますが、非常に具体的かつ現実的な指摘をします。

　まずホロスコープからどのようなカルマを持って生まれてきたかを読み取ります。次にそのカルマが人生のいつ頃にどのような形で現象化するのかを読み解いていきます。

　読み解いていく内容は人生全般、性格、仕事、金運、健康、恋愛、結婚、子供、家族、霊性など、人生のほとんどのテーマです。また、本人の周囲の人達の状況や関係性も見ていくことができます。あるいは個人の人生ばかりでなく、社会、政治、経済、地震、水害、天気などの集団の活動や自然現象も見ていくことができます。

　インド占星術は緻密な構造を持った論理的な占術で、その指摘は非常に具体的かつ現実的です。このような正確な予測のできる占術は人類の大きな遺産であり、ぜひ皆さんに学んでいただき、人生の諸問題の具体的な解決に役立てていただきたいと思います。

1 宿命（カルマ）を知り自己を最大限に生かす
理論的基礎となるヴェーダ哲学

◘「宿命（カルマ）」とは何か

　インド占星術と西洋占星術の間には同じ惑星の運行の影響を受ける占星術であってもその運命観には大きな違いがあります。西洋占星術では、天体の配置や運行の状態が運命を決定すると考えますが、インド占星術ではそれではなぜその人はそのような惑星の配置の時に、特定の場所に特定の両親のもとに生まれたのかを重要視します。インド占星術では、誕生時間や生誕地は決して偶然に決定されるものとは考えません。

　人は日々行っている善悪の行為の記憶を、潜在意識の深い部分に種子として蓄積します。この個人の潜在意識の深い部分に蓄積された記憶の種子は、肉体と顕在意識を失った死後もデータとして保存され、そのデータの特性によって次の人生の環境を選択し、次の生の身体を形成していきます。

　宇宙の恒星はプラスとマイナスのエネルギーを放射しています。その放射するエネルギーは太陽系内の惑星によって受信され、惑星の特性により変調されます。そして再度惑星から宇宙空間に放射されます。その結果、恒星の放射するエネルギーのタイプと強さは、太陽系内では惑星の天体配置とその運行によって変化し続けることになります。この恒星と惑星の放射するエネルギーの状態は、地球では大地との天空の位置関係によってさらに影響を受け、人はこの

エネルギーを潜在意識で受け取ることになります。受け取ったエネルギーは、潜在意識に種子として保存されていた前生の善悪の行為の記憶にスポットを当てます。その記憶の種類は、受け取ったエネルギーのタイプと強さによって選択され、潜在意識の欲求が、顕在意識の心・言葉・行動の3つの行いを決定することになります。これらの行いは、結果として現実世界において、幸運な結果や不幸な結果を経験させるということになります。

ヴェーダ哲学におけるカルマ

では人の運命は決まっているのか？ という思いを持つ方がいるかも知れません。ここではヴェーダというインド哲学からその回答を示します。

先に述べた善悪の行為は「カルマ」と呼ばれます。カルマは、仏典などの漢訳では「業」と訳されていますが、サンスクリット語から直訳すると「行為」、あるいは行為の結果として蓄積される「宿命」と訳すことができます。そして、カルマの法則とは「過去（世）においてなした行為は、良い行為にせよ、悪い行為にせよ、いずれ必ず自分に返ってくる」という因果応報の法則のことです。

カルマには次の4つの要素があります。

> ◈ サンチッタ・カルマ：
>   過去生において行った行為の結果が蓄積されたすべてのカルマ
> ◈ プララブダ・カルマ：
>   サンチッタ・カルマの一部で、現在の生で経験するカルマ

> ◈ クリヤマナ・カルマ：
>   自由意志で行動しようとするカルマ
> ◈ アーガミ・カルマ：
>   未来において行動を起こそうと計画するカルマ

　サンチッタ・カルマは、その人が過去世で積んできたカルマのうち、人間として積んだカルマだけを指します。従って、動物だった過去世や、神だった過去世で積んだカルマなどは含まれません。サンチッタ・カルマの主要な部分がプララブダ・カルマで、これには良いカルマと悪いカルマ、良くも悪くもないカルマが存在します。良いカルマの果報として、人生での達成・成功や楽しみを経験し、悪いカルマの果報として、人生での挫折・失敗や悲しみを経験し、良くも悪くもないカルマの果報としては、人生での平凡な経験をすることになります。プララブダ・カルマの中には肯定的なものと否定的なものがあり、私達はそれにより苦楽を受けます。例えば懸賞によく当たるとか、自分に過失がない追突事故などはプララブタ・カルマになります。

　次にクリヤマナ・カルマについてですが、これは自分の意志で自由に作れるカルマ、または避けることのできるカルマを指します。この限られた範囲内でのみ、人は自由な行動を取ることができます。前述の事故の例でいえば、事故をできるだけ防ぐ、あるいは最小限に抑える対策を用意することは可能です。

　インド占星術は基本的に宿命論の立場をとっていますが、完全宿命論ではありません。このクリヤマナ・カルマの領域の範囲内であれば、人は自由意志によって行動することができます。インド占星術は、この自由意志で作れる部分のカルマを最大限有効に活用する

ために使われます。ホロスコープを通して、人は自己のカルマを知ります。それが自己の本質を深く自覚し、苦しみ多き輪廻の世界から脱却するための第一歩となります。

　もしある人が人生において同じような事柄で何度も苦しむとしたら、それはカルマが原因です。人は何かに苦しむ時、その原因を理解できると、苦しみは減ります。自己のカルマを知り、それを受け入れることは宿命による束縛ではありません。受け入れることによりはじめて人の魂は成熟します。その魂の成熟度が高まれば、相対的に苦しみは減り、自らの強みや長所を最大限に生かす努力をすることができるようになります。それがカルマの消滅へとつながります。

■ カルマと自由意志と努力の価値

　インド占星術といえども、努力は人生や開運にとって一番重要な事柄であることに変わりはありません。ただ、**努力には方向性とタイミングを選ぶことが大切です**。インド占星術はその人のカルマに基づいて、人生において努力するべき方向と時期を教えてくれます。人は自らのカルマをなかなか認め受け入れようとはしません。でもよく考えてみてください。人生には常に明暗がともにあります。それは車の両輪です。真剣に人生を直視すればそのことに気づくはずです。ポジティブシンキングは前向きで良いと思いますが、それと同時に予想される困難にいかに備えるかも重要です。

　夢や希望は努力すれば実現可能な範囲内で持つべきです。それを超えた願望は、単なる憧れや妄想にすぎません。真珠で生まれてきた人は、いくら羨んでもダイヤモンドで生まれてきた人の華やかさは出せません。しかし、ダイヤモンドには真珠の渋さは出せません。

努力するとは、真珠、ダイヤモンドがそれぞれの良さに磨きをかけ、その魅力を最大限に発揮できるようすることです。他者を羨んで猿真似をすることではありません。これこそ、その人にしかできないオンリーワンの本当の個性の生かし方です。

背景 2 古代から伝わる インド独自の天空分割システム

🔲 成り立ち

　インド占星術と西洋占星術に共通する12星座という天空分割システムが成立したのは、紀元前500年前後のメソポタミアといわれています。この最初に登場した12星座は黄道近くに存在する恒星を目印とした星座の分割方式で、この方式による12星座を「サイデリアル12星座」といいます。そして紀元前4世紀後半、インド北西部からメソポタミア、ギリシャ、エジプトまでの広大な領域がマケドニアのアレキサンダー大王によって統一され東西文化の活発な交流が生じ、メソポタミア起源の占星術がギリシャの天文学と結び付きました。その結果として古代ギリシャに、サイデリアル12星座とホールサイン（星座＝ハウス）による古代ギリシャ占星術が成立しました。

　その後、ギリシャ占星術は紀元前160年頃にヒッパルコスによって春分点の後退運動が発見されてから後、やがて春分点を牡羊座の0度とする「トロピカル12星座」という概念が登場することにな

ります。ギリシャからインド北部までを征服したアレキサンダー大王の死後、ギリシャを中心としたヘレニズム文化はメソポタミアのパルティア王国にも受け継がれ、王国が滅ぼされた後も、インド、メソポタミア、ヘレニズムの交流は続きました。インド占星術では、現在でも、ヒッパルコス以前に使われていたサイデリアル12星座とホールサインの古代ギリシャ占星術のシステムをそのまま使用しています。

　インドには古代より独自に発達した、月の運行を基準とした「27ナクシャトラ」という天空分割システムに基づく占術があります。俗に「月の星宿」と呼ばれています。これは中国で陰陽五行などの影響を受け、やがて弘法大師空海などにより日本に伝えられ「宿曜経」となります。つまり宿曜占星術とは、インド占星術の1分野であるナクシャトラ占星術が中国化し、それが日本に伝えられたものです。ただし、宿曜経とナクシャトラでは星宿の計算方法が違いますので、宿曜経はインド系列の占星術ではあっても、インド占星術そのものではありません。インド占星術は、この27ナクシャトラとまだサイデリアル方式の時代の古代ギリシャ占星術という古代占星術のシステムがインドに伝わり、両者が時間をかけて統合発展することによって生まれました。いわば、古代ギリシャ占星術とは異母兄弟の関係にありますが、西洋占星術とは明らかに異なる、インド独自の占星術として発展してきたものです。

　27ナクシャトラは、地球から見た太陽の軌道である黄道を月が1周するのに約27日かかることから、黄道を27等分したのがはじまりです。この27ナクシャトラは、インドで発達したインド占星術独自の占星術概念といえます。しかし、このインドで独自に発達した月の27日サイクルと似た天空分割システムが、インド以外

にも存在しています。それは古代中国の「二十八星宿」で、天空を28分割するものです。実は、月が黄道を一周するのには約27日と7時間43分かかるため、27でなく28に分割することも、それほど不自然ではないのです。しかし、この二十八星宿は黄道を不均等に28分割する方式であるため、27ナクシャトラのシステムとは根本的な部分が異なります。二十八星宿は東西南北の方位に対応させた中国独自の天空分割システムといえるでしょう。

ホロスコープ

　ホロスコープとは、占う瞬間の天体配置をある法則によって記したチャートのことをいいます。まず、プラネタリウムを想像してみましょう。ドーム型のスクリーンに投影機などで、任意の日時と場所の星空を再現させます。その投影されたスクリーンを、太陽の通り道である黄道を軸として上下約18度の幅で切り取ります。その18度の幅で地球を360度取り囲んだ帯を獣帯と呼び、その範囲に存在する12の星座を黄道12星座として定義します。この12星座を背景にして太陽系内の天体を配置し、天文学的特異点などを求め、それらの位置関係を天井から写し取ったものがホロスコープとなります。

　インド占星術で使われる12星座は、西洋占星術と同じ牡羊座、牡牛座、双子座、蟹座、獅子座、乙女座、天秤座、蠍座、射手座、山羊座、水瓶座、魚座となります。惑星は、太陽、月、火星、水星、木星、金星、土星までで、天王星、海王星、冥王星は通常使われることはありません。その他に、インド占星術で使われる天文学的特異点として、アセンダント、ラーフ、ケートゥの3つがあります。

◆解説編

🔲 天文学的特異点

　先に述べたように、インド占星術で使われる主な天文学的特異点として、アセンダント、ラーフ、ケートゥがあります。

　アセンダント（ASC または AC）とは東の地平線をそのまま天空に延長し、12 星座と交差するポイントのことです。

　ラーフ、ケートゥは西洋占星術ではそれぞれ、ドラゴンヘッド、ドラゴンテイルもしくはノースノード、サウスノードと呼ばれます。ラーフとケートゥは地球と月の軌道の交点になります。

　詳しくは P22「西洋占星術との違い」で説明します。

Ⅱ. インド占星術の特徴

1 何が読めるか
蓄積された宿命(カルマ)を読み解く

● **インド占星術における4分野**

　インド占星術は、ヴェーダ思想の流れをくむ世界最古の占星術で、輪廻転生を前提とします。そして人には過去生でなした善悪の行為の結果として、蓄積されたカルマが存在すると考えます。それがこの人生に、どのように影響を及ぼしているかを読み取っていくのです。インド占星術はその高い予言能力のために、それを学ぶ人はまず高い精神性や道徳性が求められます。なぜなら、占いは常に人の幸福のために善用されるべきものであるからです。志の低い人間にインド占星術という武器を与えて悪用をされることを、何より恐れます。

　占星術には以下のように、大きく分けて4つの分野があります。とはいえまずは、個人の運勢を読むジャータカ(ネイタル)が基本となります。よって本書でも、最も基本となるジャータカのリーディング方法を重点的に説明します。

◈ ジャータカ（ネイタル）：
職業、健康、恋愛、結婚等個人の宿命、運勢、努力の方向を見る
◈ サンヒター（マンデーン）：
天候、疾病、戦争、飢饉、早魃などの社会経済現象を予測する
◈ プラシュナ（ホラリー）：
相談された時の時間・場所をもとに、チャートを作って吉凶を判断する
◈ ムフルタ（エレクション）：
開業、医療、結婚、契約などの重要なイベントのタイミングの吉凶を見る

● ジャータカ（ネイタル）で分かること

　インド占星術のジャータカ（ネイタル）では、あなたが人生で知りたいことのほとんどの事象について、ラーシチャートから正確に読み取ることができます。ラーシチャートを読むことによって、つまりサイン・惑星・ハウスのそれぞれの配置を読むことによって、具体的内容を正確に把握できます。ラーシチャートでは以下のものを読むことができます。

① 自分自身：性格、先天的運・不運、素質、家族、先祖
② 人間関係：職場、友人、親子、兄弟姉妹、親戚
③ 金運：金銭運、投資運、土地・不動産運、遺産運
④ 競争力：学業・試験運、才能の傾向、知識の習得、社会進出力
⑤ 仕事：天職、適性、就職の時期、転職、商才の有無
⑥ 健康・病気：かかりやすい病気、潜伏・発病・治癒タイミング
⑦ 恋愛・結婚：出会い、相性、結婚、出産、別離・離婚
⑧ 霊性：精神性、宗教性、思想性、信仰心、宗教的指導者の運

まずラーシチャートの持つ上記のそれぞれの事柄に関して、本人が良いカルマ、あるいは好ましくないカルマを持っているかを判断します。次に、ダシャーやトランジットといった予測技法を用いることによって、それらの事象の吉凶が人生のいつ頃に現象化するかを見ていくことができます。

2 他の占星術との違い
論理の積み重ねで高い予言能力を発揮

　インド占星術は他の占星術に比べて予言能力が優れているといわれます。それは理論的に組み上げられた12ハウスシステム、サイデリアル12星座という固定された宇宙空間、ダシャーと呼ばれる惑星や星座を使った周期技法によります。もう1つの特徴は、生まれた瞬間のホロスコープ以外に分割図と呼ばれるチャートを、テーマ毎に活用することです。

● 西洋占星術との違い

　ここではインド占星術と西洋占星術の違いを比較することによって、インド占星術の特徴を浮き彫りにしたいと思います。ここでいう西洋占星術は、基本的に近代以降の西洋占星術のことを指します。古典占星術となるとまた話は別で、外惑星を用いない、惑星の品位の重視など、インド占星術との共通点が若干見られます。しかしハ

ウスシステムや分割図などでは決定的な違いがあります。

	インド占星術	西洋占星術
星座システム	サイデリアル方式	トロピカル方式
使用する惑星	太陽、月、火星、水星、木星、金星、土星	太陽、月、火星、水星、木星、金星、土星、天王星、海王星、冥王星
天文学的特異点	アセンダント、ラーフ、ケートゥ	アセンダント、ドラゴンヘッド、ドラゴンテイル、MC、IC
ホロスコープ	四角形、時計回り	円形、反時計回り
補助ホロスコープ	分割図	リターン図、調波図
太陽とラーフ（ドラゴンヘッド）の扱い	太陽は弱い凶星、ラーフは凶星	ともに吉星
重要視する惑星	月	太陽
リーディングのポイント	ハウスを重視	惑星同士のアスペクトを重視
予測技法	ダシャー、トランジット	プログレス、トランジット、ハーフサム
精神文化との関係性	ヴェーダ思想と一体化	キリスト教と対立

★**星座システム**…インド占星術ではサイデリアル方式、西洋占星術ではトロピカル方式を採用しています。サイデリアル方式とトロピカル方式については、P28「トロピカル方式とサイデリアル方式」で詳しく説明します。

★**使用する惑星**…インド占星術では天王星、海王星、冥王星は使用しません。インド占星術が成立した時代はまだ発見されておらず、古代のシステムがそのまま根づいています。

★**天文学的特異点**…インド占星術の主な天文学的特異点として「アセンダント」「ラーフ」「ケートゥ」があります。アセンダントとは東の地平線をそのまま天空に延長し、12星座と交差するポイントのことです。インド占星術では、12星座の境界と12ハウスの境界を一致させたホールサインというハウスシステムを使用しますから、東の地平線を上昇する星座はそのまま12ハウスの起点となる1ハウスとなります。ラーフ、ケートゥは西洋占星術ではそれぞれ、ドラゴンヘッド、ドラゴンテイルもしくはノースノード、サウスノードと呼ばれます。ラーフとケートゥは地球と月の軌道の交点です。

★**ホロスコープ**…ホロスコープはインド占星術では四角形で、**アセンダントから時計回り**で星座を回り、ハウスの数を決めていきます。

★**補助ホロスコープ**…ラーシチャートにおける各惑星の度数を特定の数値で割って、「分割図」を作ります。ラーシチャートで示す内容を、より具体的に絞り込む時に使用します。ナヴァムシャチャート（第9分割図）は特に重要です。

★**太陽とラーフの扱い**…インド占星術では吉星・凶星の区分が西洋占星術と異なります。また、生来的吉星・凶星の他に機能的吉星・凶星の区分があります。

◆解説編

★**重要視する惑星**…インド占星術では、月の働きを重要視します。生まれた時間不明の場合のラグナとしてや、システムの計算に使用します。また、インドオリジナルの占いであるナクシャトラ（月の星宿）を活用します。

★**リーディングのポイント**…インド占星術が、最も重要視するのはハウスです。ホールサインシステムをとるため、サインとハウスが一致するので、ハウスシステムがそれだけ強く機能します。

★**予測技法**…インド占星術ではダシャーを使って個人別の中長期的傾向を見ることができます。

　ラーフとケートゥについて解説します。
　天球上の月の通り道である白道が、天球上の太陽の通り道である黄道に対して約5度傾斜しています。この黄道と白道の交差するポイントは2点あり、月が南から北へ黄道を横切る点がラーフで、月が北から南へ黄道を横切る点がケートゥです。常に180度離れた対向関係ですので、ホロスコープもお互いに対向の星座の同じ度数に位置します。ラーフ、ケートゥの占星術における導入時期はインド占星術の方がだいぶ古く、その位置付けも重要です。

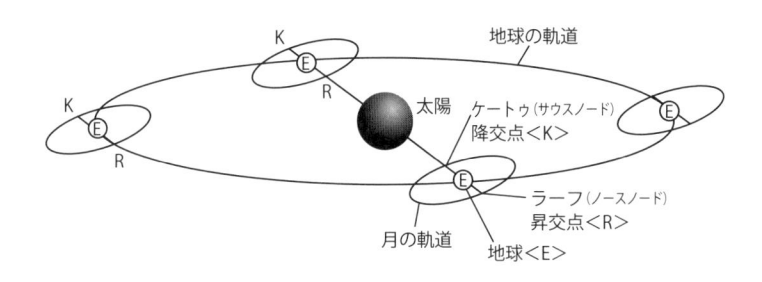

ラーフとケートゥの起源にまつわるインド神話をご紹介します。

その昔、天界には不死の甘露といわれる水がありました。この水を飲んだものは不死の生命を得ることができるといわれ、天界の神々だけに飲むことが許されていました。ある時、天界では、その水による神々の宴が催されていました。ところが、悪魔の竜がその宴にもぐりこんで、こっそりと水を飲んでいました。それを神々が発見しましたが自分達だけでは力不足であると悟り、根源的な神であるヴィシュヌ神に、竜が水を盗み飲みしたことを訴えることにしました。神々の報告を受けたヴィシュヌ神は、その場で竜を頭と尻尾の2つに断ち切りました。ところが、不死の甘露である水を飲んでいた竜は死ぬことができず、ドラゴンヘッド（竜の頭）とドラゴンテイル（竜の尻尾）と呼ばれるようになりました。

このラーフとケートゥは実際に存在する惑星ではありませんが、インド占星術ではとても重要な天文学的特異点として活用されます。それは日蝕の時に太陽が隠れ、月蝕の時に月が隠れるという特異な現象において、このラーフとケートゥが関係するからです。

● インド占星術におけるホロスコープ

西洋占星術ではアセンダントを左側に置いて、12星座を反時計回りに配置しています。アセンダントは24時間で星座を1周しますから、ホロスコープ内の星座の位置は常に変化することになります。

インド占星術では、北インド式、南インド式、東インド式の大きく分けて3種類のホロスコープがあります。北インド式と東インド式は中央上部にアセンダントを置き、反時計回りに12星座を配置します。南インド式はアセンダントの位置を特定せず、12星座の

配置を固定します。それぞれ一長一短がありますが、本書では最も使いやすい南インド式のホロスコープを使用します。

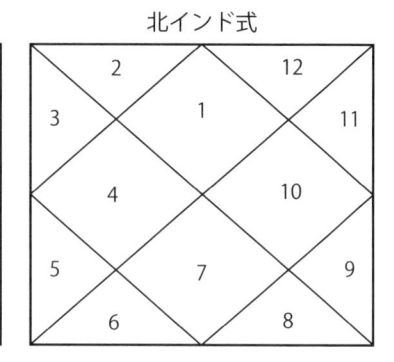

```
      南インド式              北インド式
┌────┬────┬────┬────┐   ┌───────────────┐
│ ♓  │ ♈  │ ♉  │ ♊ │   │╲  2  ╱╲  12 ╱│
├────┼────┼────┼────┤   │ ╲  ╱  ╲  ╱  │
│ ♒  │    │    │ ♋ │   │ 3╳  1  ╳11  │
├────┼────┼────┼────┤   │ ╱  ╲  ╱  ╲  │
│ ♑  │    │    │ ♌ │   │╱ 4  ╳  10  ╲│
├────┼────┼────┼────┤   │╲    ╱╲    ╱│
│ ♐  │ ♏  │ ♎  │ ♍ │   │ 5 ╳  7  ╳ 9 │
└────┴────┴────┴────┘   │╱  6  ╲╱  8  ╲│
                        └───────────────┘
```

南インド式は左上の角に魚座を配置し、時計回りに12星座を並べていきます。このホロスコープのメリットは、惑星の在住星座による吉凶や強弱の状態を判断するのに優れていること、惑星のアスペクトが分かりやすいこと、ラグナ（P58「アセンダントとラグナ」参照）の位置を変えることがあってもホロスコープを書き換える必要がないことなどがあります。デメリットは、慣れるまでは昼と夜の区別や、惑星が何ハウスに在住しているかが分かりにくいことです。

● 分割図

分割図とは、ラーシチャートにおける各惑星の度数を特定の数値で割って作る、ラーシチャートの補助として使うホロスコープのことです。入門書である本書では詳しく説明しませんが、分割図はインド占星術において重要な位置を占めます。西洋占星術に詳しい人は、ジョン・アディーのハーモニクスと似ているなどと思われるか

もしれませんが、計算方法や意味するものも異なる上、インド占星術における分割図はもっと具体的な内容を見ることができます。ラーシチャートで全体の人生を見た後、それを補うものとして、下表の示すそれぞれの具体的なテーマ毎に使用できるのです。分割図はあくまでラーシチャートの示す内容を深めるもので、ラーシチャートと矛盾する意味内容としては使用しません。

分割図	分割数	1分割の度数	主要なテーマ
ラーシチャート	1	30°	人生全般
ホーラチャート	2	15°	財運
ドレッカナチャート	3	10°	健康、兄弟
チャトゥルシャムシャチャート	4	07° 30′	財運、不動産
シャプタムシャーチャート	7	14° 17′	子供
ナヴァムシャチャート	9	03° 20′	結婚、晩年
ダシャムシャチャート	10	03°	仕事
ドゥヴァダシャムチャート	12	02° 30′	両親
ショダシャムシャチャート	16	01° 52′	乗り物運
ヴィムシャムシャチャート	20	01° 30′	宗教性

　分割図の中で、ラーシチャートに次いで重要度が高いのは、ナヴァムシャチャート（第9分割図）です。ナヴァムシャチャートはもともと結婚運を見る分割図ですが、物事の結果や晩年も見ることができます。そのためラーシチャートに次いで重要なチャートとして、通常のリーディングでもラーシチャートと併用してよく使用します。

● 占う際の注意点

インド占星術のリーディングに直観は必要ありません。大切なのは論理の積み重ねです。星座の各特徴といくつかの重要な技法に従って論理的に読んでいけば、誰でもある程度のところまで読むことができるようになります。これからインド占星術を学習するにあたって、注意すべきこと、どのように取り組んでいけば上達していくかのポイントを解説します。

★ 古典が占星術家に求めていること

インド占星術はその高い予言能力のために、それを学ぶ人には高い道徳性や精神性が求められています。古代インドの宮廷占星術師ヴァラーハミヒラの著書『ブリハット・サンヒター』から要約してみましょう。

「占星術師とは生まれがよく、容貌が優れ、身なりが質素で、嘘をつかず、嫉妬心がなく、平静であること。清潔さ、器用さ、大胆さ、正しい言葉使い、頭脳の明晰さ、場所と時を知ること、心の清浄さ、人の集まりを恐れないこと、よく勉強し、快楽にふけらないこと。天文学、前兆学、空間と時間の計算に長けていることなど……。」

これは、以上の条件が満たされなければ学んではいけないというより、正しい使い方をするようにこういう方向性で努力し勉強せよという戒めとして理解しておくとよいでしょう。

★インド占星術の効果的学習の方法

　インド占星術は難しいという印象を持たれがちですが、ステップを追って学習していけばマスターすることができます。以下のようなステップで学習していきましょう。

① 　星座、惑星、ハウスの基本的な意味、象意、コンビネーション、基本的なヨガなどをおさえる。

② 　それらの働きが良いか悪いか、及び強さの程度を判断する仕組みをおさえる。

③ 　ホロスコープで判断した各惑星の吉凶が、どのダシャー期にどのような形で現象化するのかを考える。

　まずこの３点にポイントを絞って、集中的に勉強してみることをお勧めします。これらを使いこなせるようになることが、上達の早道です。はじめからあれこれ手を広げるのは賢明ではありません。

　また、いわゆる秘伝秘儀、珍しいヨガやダシャーなどは、とりあえず放置しておきましょう。そのようなものに、はじめからこだわる必要はありません。インド占星術には無数の技法がありますが、それらの価値を知るためにはまず基本技法に習熟する必要があります。ヨガ１つとっても、その品位が高いか低いかを判断する力が必要であり、そのためには基本技法に習熟することが大切です。

　本書では、インド占星術で使用するホロスコープや各チャートの計算方法については、煩雑ですので解説を省いています。インドの占星術学校ではホロスコープを手計算で作成しており、確かにその方が占星術の構造を深く理解できます。しかし、計算方法を知ることは重要ですが、そういう前段階にこだわりすぎると挫折してしまいます。そんなことより、まずインド占星術の面白さを体験してみましょう。

Ⅲ. インド占星術の基礎知識

ハウスシステム

1 インド占星術では サイデリアル方式を採用

◆ トロピカル方式とサイデリアル方式

　インド占星術の歴史のところでも触れましたが、西洋占星術ではトロピカル方式を採用したことによって、実際の黄道12星座とずれていくようになりました。そこで混同を避けるため「宮」という呼び方を使っている占星術家もいます。よく雑誌の星座占いで採用されているのは、こちらのトロピカル方式になります。従って牡羊座生まれを例とした場合、3月21日から4月20日に生まれた人の太陽は、黄道12星座では魚座の範囲となります。このずれはおよそ72年に1度ずつ後退していくので、約1万1千年後には春分点が黄道12星座の天秤座あたりにくるでしょう。

　インド占星術ではサイデリアル方式を採用しています。サイデリアル方式はある恒星を基準とし、牡羊座から魚座までの12星座にそれぞれ30度ずつを割り当てる方法です。この基準をどこに置くかはいくつか説がありますが、恒星が基準となっているので、トロ

ピカル方式に比べると黄道 12 星座とのずれが小さくなります。そのメリットは空間が固定されますので、例えば特定の度数に対する影響や、恒星そのものの影響を星座と連動して検討することができます。ここでおさえておくポイントは、黄道 12 星座、トロピカル 12 星座、サイデリアル 12 星座は全く別の区分方法であるということです。

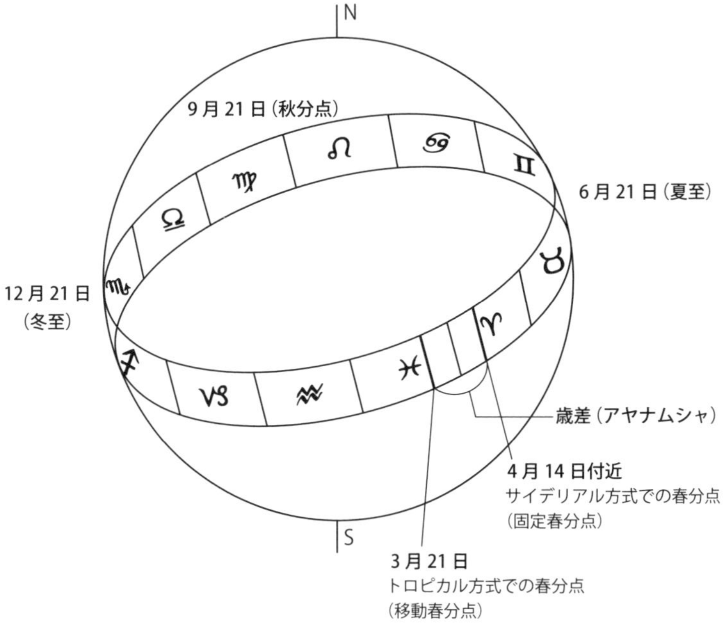
N
9 月 21 日（秋分点）
6 月 21 日（夏至）
12 月 21 日
（冬至）
歳差（アヤナムシャ）
4 月 14 日付近
サイデリアル方式での春分点
（固定春分点）
S
3 月 21 日
トロピカル方式での春分点
（移動春分点）

◆ 歳差運動とアヤナムシャ

そもそもなぜ春分点が後退していくかというと、地球の自転軸がコマの首振り運動のような回転をしているために、春分点・秋分点が黄道に沿って少しずつ西向きに移動しているからです。これを歳差といいます。この歳差の周期は約 25800 年で、1 つの星座を 2150 年かけて移動することになります。よく占星術の世界で、魚

座の時代とか水瓶座の時代といわれるのは、春分点が黄道12星座のどの位置を移動しているかを根拠としています。その移動する春分点と、サイデリアル方式で基点とする恒星との差をアヤナムシャといいます。アヤナムシャは72年に1度ずつ広がっていきますが、それがぴったり重なっていた時期があるはずです。その時期をどこにするかの統一見解はありませんが、インド政府公認で多くの占術家の使用するラヒリのアヤナムシャによると、2000年1月1日のアヤナムシャは23度51分となっています。もし、或る人の西洋占星術におけるアセンダントが蠍座の13度51分である場合、その人のインド占星術におけるアセンダントは天秤座の20度にくることになります。つまり、23度51分アセンダントが前にずれることになります。

2 星座（サイン）
宇宙や現象世界の構成要素をあらわす

◆ **星座（サイン）について**

　黄道12星座とは88の星座のうち、黄道上に現われる12の星座を指します。牡羊座から始まり、牡牛座、双子座、蟹座、獅子座、乙女座、天秤座、蠍座、射手座、山羊座、水瓶座、魚座ときて牡羊座に戻ります。実際のそれぞれの星座が天空を占める割合はまちまちですが、占星術ではすべての星座を30度に区切って割り当てています。それをサインと呼びます。ですから正確には星座ではなく、

サインと呼ぶのが正しい呼び方です。しかし一般の習慣に従って、星座という表現を使っても特にさしつかえないと思います。

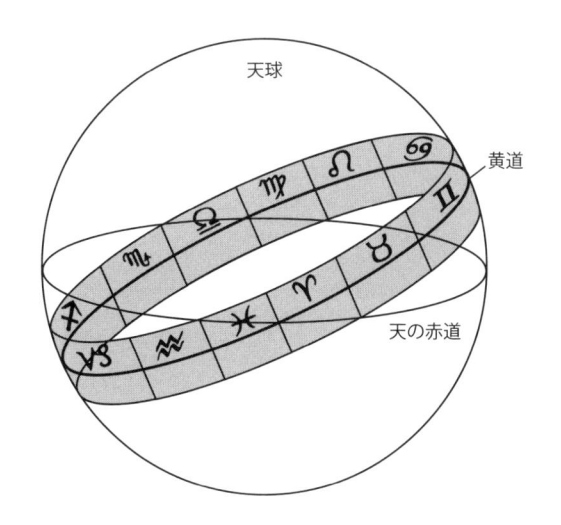

（図：天球・黄道・天の赤道）

　星座の象意については、基本的に西洋占星術と変わりませんが、インド占星術の方がよりスピリチュアルな意味を含みます。性格についても、西洋占星術では太陽のある星座がよくその性格を示しますが、インド占星術においてはアセンダントの星座の支配星と、月の星座の支配星がよくその性格をあらわしています。サイデリアル方式を採用するインド占星術では、サインはすなわちハウスとして機能します。従って、ここではサインについては２区分、３要素、４元素および各サインの代表的象意の記述にとどめます。細かい象意についてはP58「ハウス」で解説します。

◆ 星座(サイン)区分

12星座には、宇宙を構成する要素が割り当てられます。それは陰陽の2区分、行動性の3要素、気質の4元素になります。

★2区分

2区分とは最も根本的な分類方法で陰と陽、男と女、またはプラスとマイナスなどの表現方法であらわされます。

陽の星座 (男性、+)	牡羊座、双子座、獅子座、天秤座、射手座、水瓶座	能動的、積極的、指導的
陰の星座 (女性、−)	牡牛座、蟹座、乙女座、蠍座、山羊座、魚座	受動的、消極的、従順

★3要素

3要素とは外側から見た行動性の特徴を示し、活動(Cardinal)、固着(Fixed)、変通(Mutable)に分けられます。惑星が集中している要素は特に、その行動パターンが強調されます。

活動星座 *Cardinal Sign*	牡羊座	活動的、決断力、自己顕示欲、旅行
	蟹　座	見た目が良い、野心的、冷酷
	天秤座	バランス、調和、外交
	山羊座	野心、執着、自我
固着星座 *Fixed Sign*	牡牛座	沈着、頑固、反抗的
	獅子座	支配者からの好意、名声、派手
	蠍　座	秘密、集中力、粘着
	水瓶座	慎重、博愛、集中力、粘着

変通星座 Mutable Sign	双子座	神経質、融通性、受動的、絶えず目的を追求
	乙女座	利口、分析、批判、計算
	射手座	衝動、直情、スピード
	魚　座	情緒、霊性、ロマンス

★4元素

4元素とは宇宙や現象世界の構成要素で、火、地、風、水に分けられます。惑星が集中している元素は特に、その気質が強調されます。

火の星座	牡羊座 獅子座 射手座	活動的で攻撃的な傾向。野心的で独立心が旺盛、強い自尊心と正義感の持ち主。行動は素早いが短気。
地の星座	牡牛座 乙女座 山羊座	現実的で物質的な傾向。現実的な価値観の持ち主。経済観念は堅実。忍耐力は強いが反面頑固。
風の星座	双子座 天秤座 水瓶座	知的でクールな傾向。知的で理屈っぽい傾向。陽気で社交的だが本質的にはクール。経済的な堅実性は乏しい。
水の星座	蟹　座 蠍　座 魚　座	激しい感情で霊的な傾向。内向的で一見静かだが内面の感情は激しい。

　次ページのサイン区分一覧から分かる通り、2区分・3要素・4元素を組み合わせると、全く同じものはありません。例えば、牡羊座と天秤座は同じ積極性と活動性を持っていますが、その背景にある性格的な反応が全く逆で、牡羊座が直観的なものだとしたら、天秤座は十分検討した結果といった具合です。インド占星術では、星

座の意味付けにギリシャ神話などの象徴的なものよりも、このような性質の組み合わせと、後から説明する惑星との関係を重要視しています。

星座	牡羊座	牡牛座	双子座	蟹座	獅子座	乙女座	天秤座	蠍座	射手座	山羊座	水瓶座	魚座
2区分	陽	陰	陽	陰	陽	陰	陽	陰	陽	陰	陽	陰
3要素	活	固	変	活	固	変	活	固	変	活	固	変
4元素	火	地	風	水	火	地	風	水	火	地	風	水

◆ 惑星の在住と支配星座

インド占星術では、ある惑星の特定ハウスへの「在住」と、ハウスの「支配」とを区別して扱います。これはインド占星術における非常に重要な概念です。インド占星術に慣れてきたらぜひとも、在住と支配の区別について深い学習を進めてください。ここでは、概説のみを分かりやすく解説します。

各星座は、ラーフとケートゥ以外の7惑星のいずれかが支配しています。太陽と月は1つ、火星、水星、木星、金星、土星は2つの星座をそれぞれ支配します。西洋占星術では天王星、海王星、冥王星にも星座を支配させていますが、インド占星術では支配星としての役割を持たせていません。

インド占星術では、惑星が星座を支配するようになったエピソードとして次のようなものがあります。太陽と月はそれぞれ国王と女王をあらわします。太陽は獅子座を城とし、乙女座、天秤座、蠍座、

射手座、山羊座を所有していました。月は蟹座を城とし、双子座、牡牛座、牡羊座、魚座、水瓶座を所有していました。水星は国王の後継者である王子です。王子は、国王の居場所に最も近くなければいけません。彼は王様となるように訓練されなければならず、そのためには支配者の最も近くにいる必要があるのです。そこで、獅子座の1つ隣の乙女座と、蟹座の1つ隣の双子座を王子の所有地として与えました。国王にいろいろ助言を与える大臣は、世事における知恵と深い知識を備えており、国家の運営に長けています。大臣は金星が担当し、王子の隣の所有地である天秤座と牡牛座が与えられました。

♓ 祭司	♈ 軍人	♉ 大臣	♊ 王子
♒ 召使い			♋ 女王
♑ 召使い			♌ 王様
♐ 祭司	♏ 軍人	♎ 大臣	♍ 王子

　王様、王子、大臣を守るためには軍人が必要となります。これは火星が担当しています。軍人は大臣の隣の所有地である蠍座と牡羊座が与えられました。さらに国王には、宗教的な助言を与える祭司が必要です。これは大臣と同様、いろいろなことについて王様にアドバイスする指導者であり、木星が担当しています。祭司は軍人の隣の所有地である射手座と魚座が与えられました。最後に召使いや

平民が、最も王様から遠い所有地である山羊座と水瓶座が与えられました。これは土星の担当です。

★身体配置

ヴェーダでは大宇宙のそれぞれの構成要素は、小宇宙である人間のそれぞれの構成要素と対応していると考えます。また大宇宙の要素である黄道12星座を、小宇宙である人間の身体部位に対応させるという考え方が、インド占星術には存在しています。

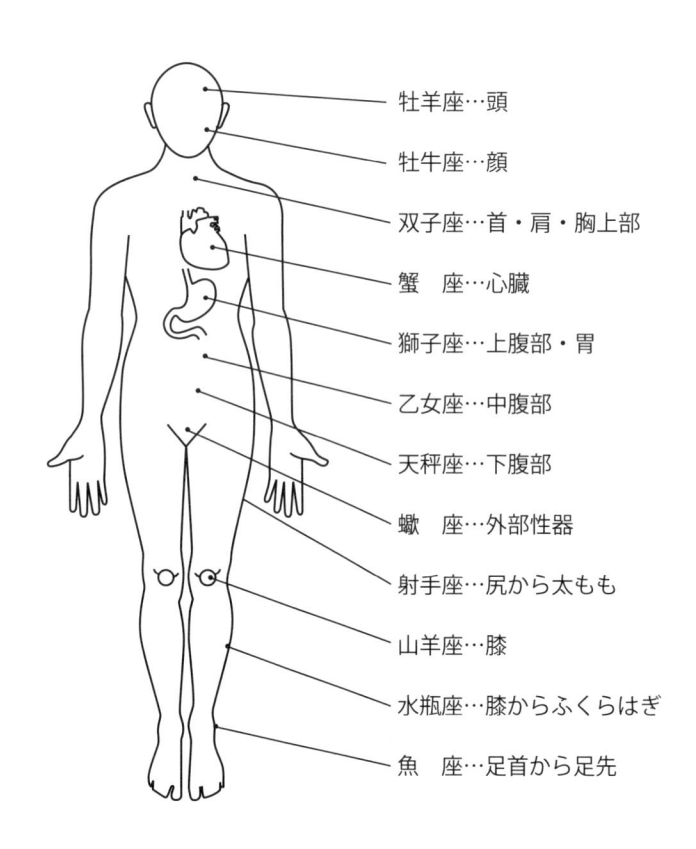

- 牡羊座…頭
- 牡牛座…顔
- 双子座…首・肩・胸上部
- 蟹　座…心臓
- 獅子座…上腹部・胃
- 乙女座…中腹部
- 天秤座…下腹部
- 蠍　座…外部性器
- 射手座…尻から太もも
- 山羊座…膝
- 水瓶座…膝からふくらはぎ
- 魚　座…足首から足先

● 星座の特徴・象意一覧

牡羊座

記号	♈	英語	Aries (Ar)
		サンスクリット語	Mesha（メーシャ）
2区分	陽（＋）	象意	
3要素	活動	活動的、野心的、大胆、衝動的、積極的、自信家、攻撃的、確信、勇気、口論、頑固、冒険、嫉妬心、警察官、軍人、科学者、機械工、工学系、格闘家	
4元素	火		
支配惑星	火星		
身体配置	頭		

牡牛座

記号	♉	英語	Taurus (Ta)
		サンスクリット語	Vrishabha（ヴリシャーバ）
2区分	陰（－）	象意	
3要素	固着	娯楽、蓄財、用心深い、控えめ、物質的、野心、忍耐、根気、誠実、怠惰、美色、世俗的、化粧品・香水販売、贅沢品・宝石販売、俳優、芸術家、農業	
4元素	地		
支配惑星	金星		
身体配置	顔		

双子座

記号	♊	英語	Gemini (Ge)
		サンスクリット語	Mithuna（ミトゥーナ）
2区分	陽（＋）	象意	
3要素	変通	二面性、肯定的、多才、落ち着きがない、知性的、分析的、記憶力、旅行、優柔不断、好奇心、出版関連、会計士、講師、ビジネスマン、数学者、旅行関連	
4元素	風		
支配惑星	水星		
身体配置	首、肩、腕、胸上部		

蟹座

記号	♋	英語	Cancer (Ca)
		サンスクリット語	Karka（カルカ）
2区分	陰（－）	象意	
3要素	活動	想像力、感情的、感受性、同情心、神経過敏、記憶力、誠実、変化、ヒステリー、家庭的、怒りっぽい、接客業、液体関連、飲食関連、海洋関連	
4元素	水		
支配惑星	月		
身体配置	心臓		

獅子座

記号	♌	英語	Leo (Le)
		サンスクリット語	Simha（シーマ）
2区分	陽（＋）	象意	
3要素	固着	権威、頑固、堅固、高貴、広い心、公平、寛大、組織の長、高い地位、虚栄心、ギャンブル、浪費、政治家、公務員、宝石・貴金属	
4元素	火		
支配惑星	太陽		
身体配置	上腹部、胃		

乙女座

記号	♍	英語	Virgo (Vi)
		サンスクリット語	Kanya（カーニャ）
2区分	陰（－）	象意	
3要素	変通	真面目、識別力、実務的、ビジネスライク、合理的、状況適応力、優柔不断、神経質、批判的、教師、会計検査官、医師、税理士、法律家	
4元素	地		
支配惑星	水星		
身体配置	中腹部		

天秤座

記号	♎	英語	Libra (Li)
		サンスクリット語	Tula（トゥーラ）
2区分	陽（＋）	象意	
3要素	活動	バランス、知的、洞察力、良識、穏和、紳士的、平和主義、博愛主義、快適さ、社交的、八方美人、事業家、俳優、芸術家、建築家、セールスマン	
4元素	風		
支配惑星	金星		
身体配置	下腹部		

蠍　座

記号	♏	英語	Scorpio (Sc)
		サンスクリット語	Vrischika（ヴゥリシカ）
2区分	陰（－）	象意	
3要素	固着	辛辣、皮肉、過激、向こう見ず、独立独行、奮闘、直情的、勇敢、利己的、直観力、性的、神秘的、研究、化学関連、内科・外科、軍人、警察、探偵	
4元素	水		
支配惑星	火星		
身体配置	外部性器		

射手座

記号	♐	英語	Sagitarius (Sa)
		サンスクリット語	Dhanu（ダヌー）
2区分	陽（+）	象意	
3要素	変通	活動的、バイタリティー、大胆、勇敢、野心、貪欲、自信家、旅行、広い心、高い教育、直感力、宗教的、誇張、公務員、法曹関連、教師、銀行員	
4元素	火		
支配惑星	木星		
身体配置	尻から太もも		

山羊座

記号	♑	英語	Capricorn (Ca)
		サンスクリット語	Makara（マカラ）
2区分	陰（-）	象意	
3要素	活動	経済的、用心深い、道徳、思慮深い、忍耐、打算、実務的、悲観的、根性、組織的、利己的、保守的、激務、自治体関連、鉱物関連、研究者	
4元素	地		
支配惑星	土星		
身体配置	膝		

水瓶座

記号	♒	英語	Aquarius (Aq)
		サンスクリット語	Kumbha（クンバ）
2区分	陽（+）	象意	
3要素	固着	道徳心、洞察力、知的、自己犠牲、好き嫌い、直観、霊感、慈善活動、公務員、通商関連、エンジニア、研究者、宗教家、ボランティア	
4元素	風		
支配惑星	土星		
身体配置	膝からふくらはぎ		

魚　座

記号	♓	英語	Pisces (Pi)
		サンスクリット語	Meena（ミーナ）
2区分	陰（-）	象意	
3要素	変通	変わりやすい、落ち着かない、正直、慈善的、忘れやすい、許容、寛大、ロマンティック、霊的、神秘的、液体（水、アルコール）、輸出入関連、俳優、ボランティア	
4元素	水		
支配惑星	木星		
身体配置	足首から足先		

3 惑星

総合的な判断が必要な読み解きのキーポイント

◆ **惑星**について

　インド占星術では、恒星の太陽、衛星の月、惑星の火星、水星、木星、金星、土星、月の軌道と地球から見た太陽の軌道が交差するラーフ、ケートゥを、すべて惑星と呼びます。

　水星と金星は太陽と地球の間にあるので内惑星と呼ばれます。地球から見ると常に太陽と近い距離に存在しています。具体的には、水星は太陽から28度以上離れることはなく、金星は太陽から48度以上離れることはありません。地球から見ると太陽、水星、金星は約1年前後で12星座を1周します。

　地球から外側にある惑星は外惑星と呼ばれます。地球より外側なので公転周期が長く、火星は1.88年、木星は11.86年、土星は29.45年となります。

　ラーフとケートゥは12星座を逆方向に移動していきます。ラーフとケートゥは約18.6年で地球を1周します。

　惑星の記号は次ページの通りです。また、西洋占星術では惑星を太陽、月、水星、金星、火星、木星、土星……と並べますが、インド占星術では曜日の順番に並べます。

惑星	太陽	月	火星	水星	木星	金星	土星	ラーフ	ケートゥ
記号	☉	☽	♂	☿	♃	♀	♄	☊	☋

★吉凶

　インド占星術における惑星の吉凶は、西洋占星術と少し違います。吉凶を分類すると、太陽は弱い凶星、月は条件次第で吉星にも凶星にもなります。火星は強い凶星、水星は弱い吉星、木星と金星は吉星、土星は強い凶星、ラーフとケートゥはいずれも凶星です。これらは生来的吉星、生来的凶星となるもので、この他にインド占星術では機能的吉星、機能的凶星という分類があります。

★生来的吉凶と機能的吉凶

　木星や金星は吉星、火星や土星は凶星というのは生来的吉星・凶星の考え方です。インド占星術では他に、機能的吉星・凶星という考え方があります。これはホロスコープの良し悪しやダシャー（中長期的運気）を判断する上で大変に重要な要素です。しかしながら、これは惑星の星座での位置(高揚、ムーラトリコーナ、減衰など)、在住ハウス、支配ハウス、コンビネーション、ヨガなど、総合的な見地から決定されるものです。よって本書では、そういう考え方、技法があるという段階にとどめます。

★逆行

　ラーフとケートゥを除く惑星は通常黄道上を東から西へと移動しています。しかし見かけ上、西から東へと逆向きに動くように見えることもあり、これを逆行といいます。例えば、高速道路の追越車

線を走行中に一般車線の車を追い抜くと、近づくに連れて止まったように見え、追い抜くと後ろ向きに進んでいるように見えます。しかし実際にはお互いの速度が違うだけで同じ方向に進んでいます。逆行の記号は英語の Retrograde から頭文字を取って、惑星の後ろに「R」と表記されます。

◆ 支配と在住

惑星の品位の説明に入る前に、惑星のハウス支配とハウス在住の違いについてもう一度確認します。下図の木星を例にとりましょう。

まずアセンダントが水瓶座にあるとします。木星はアセンダントを起点として時計周りで3番目、つまり3ハウスに在住しているとします。木星が定位置となる星座は魚座と射手座です。水瓶座がアセンダントの場合、その魚座と射手座は2ハウスと11ハウスになります。ですからこの場合に木星は、「**2ハウスと11ハウスを支配して、3ハウスに在住する木星**」と表現します。少しややこしいですが、ここはインド占星術を理解する上で非常に大切なところになります。

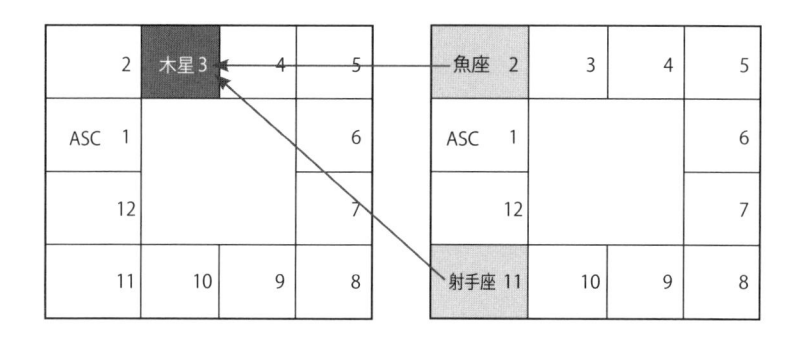

2	木星3	4	5	魚座 2	3	4	5
ASC 1			6	ASC 1			6
12			7	12			7
11	10	9	8	射手座 11	10	9	8

◆ 品位 【重要】

　惑星の品位は、インド占星術を理解する上で、最も重要な概念の1つです。ここを覚えるだけでも、それなりの吉凶判断はできます。惑星の吉凶や強弱を判断する方法は複数存在しますが、ここでは在住する星座による方法を解説します。なお、微妙な判断の時は友好星、敵対星の役割は重要になりますので、友好星、敵対星については、一応解説します。ですが、初心者段階ではそこまで踏みこまなくてもよいと思います。

---
① 高揚の星座

　惑星が最も強くなるのは、高揚の星座に在住している時です。この時、高揚する星座に在住している惑星が支配する星座も強くなります。またインド占星術では、高揚の星座だけでなく、その度数まで検討します。同じ高揚の星座内でも、高揚の度数に近いほど惑星が強くなります。下図の通り、太陽であれば牡羊座の10度に近い位置にあるほど、高揚度は強いということになります。

♀ 27	☉ 10	☽ 3	
			♃ 5
♂ 28			
		♄ 20	☿ 15

　もし惑星が高陽している場合、次のような効果があります。

	惑星効果
太陽	学識豊か、宗教的、強力なリーダーシップ
月	裕福、勤勉、学者、大衆性
火星	強い情熱、教養ある、有名、高貴
水星	学識豊か、陽気、尊敬される、社交的
木星	教師、尊敬される、支援を受ける、幸運
金星	慈悲深い、長命、多くの良い性質、美男美女
土星	熟達、慈悲深い、富裕、長命
ラーフ ケートゥ	裕福、強い個性、ユニークな才能

② ムーラトリコーナ

　高揚の次に惑星が強くなるのは、ムーラトリコーナです。ムーラトリコーナの度数範囲に近く、かつムーラトリコーナの度数を超えない時に、最も強くなります。惑星がムーラトリコーナになる星座の中に入っているが度数から外れている場合、強さが緩くなるものの、一応ムーラトリコーナと考えてよいと思います。

	♂ 0－12	☽ 4－27	
♄ 0－20			
			☉ 0－20
♃ 0－10		♀ 0－15	☿ 16－20

③ 定位置

惑星が、その惑星が本来支配する星座の定位置（定座）にあれば、惑星は良い働きをします。

木星 ♃	火星 ♂	金星 ♀	水星 ☿
土星 ♄			月 ☾
土星 ♄			太陽 ☉
木星 ♃	火星 ♂	金星 ♀	水星 ☿

④友好星座と敵対星座（永続的）

それぞれの惑星に対して他の惑星は、友好的な惑星、敵対する惑星、そして中立的な惑星のいずれかに分類されます。友好惑星が支配する星座に在住する惑星は強さを獲得します。一方、敵対惑星の支配する星座に在住する惑星は弱くなり、十分に働くことができなくなります。また友好惑星とコンビネーションを組んでいる惑星は良い働きをしやすくなり、敵対惑星とコンビネーションを組んでいる惑星は良い活動をしにくい傾向が生じます。そして、友好星座と敵対星座は次ページの法則で決められています。

○友好惑星＝ムーラトリコーナの星座から、2、4、5、8、
　　　　　　9、12番目の星座を2つ支配している惑星
○敵対惑星＝ムーラトリコーナの星座から、3、6、7、10、
　　　　　　11番目の星座を2つ支配している惑星
○中立惑星＝上記以外

※例外：火星にとっての土星、金星にとっての木星は、火星が山羊座で高揚、
　　　　金星が魚座で高揚するため、敵対惑星とはならず中立となります

⑤　一時的な友好と敵対

　永続的な友好や敵対とは別で、お互いの距離によって関係が変化します。惑星Aが在住する星座の支配星Bが、惑星Aが在住する星座から数えて2、3、4、10、11、12番目の星座に在住する場合、惑星Aにとって惑星Bは一時的に友好惑星となり、その逆は一時的に敵対惑星となります。永続的な友好と敵対から一時的な友好と敵対を差し引きして、総合的に検討するようにしてください。

⑥　減衰の星座

　惑星が最も弱くなるのは、減衰の星座に在住している時です。高揚の星座と減衰する星座は、お互いに180度反対側の星座になります。ただし、減衰がキャンセルされる配置もあります。例えばマイナスの象意を持つ6、8、12ハウスなどが絡んだ場合はプラスの象意に変更され、このような例外の配置は複数あります。

☿ 15	♄ 20		
			♂ 28
♃ 5			
	☽ 3	☉ 10	♀ 27

⑦　方角の強さ

　ホロスコープは、その人が生まれた瞬間の天体配置を生まれた場所から見たものですから、天空の東西南北という方角が存在しています。アセンダントの在住する1ハウスは東、その反対側の7ハウスは西、4ハウスは北、10ハウスは南です。

　そして、ラーフとケートゥを除く7つの惑星は、惑星の強さを獲得する方角が決まっています。木星・水星は東、金星・月は北、土星は西、太陽・火星は南でそれぞれ強くなります。

◆ 惑星の特徴・象意一覧

太陽

社会性、生命力をあらわす

【吉凶】 インド占星術では、太陽は弱い凶星として位置付けられています。太陽は精神的な惑星ですが、個人のエゴもあらわす惑星です。西洋においては、エゴあるいは自己のアイデンティティの確立は良いこととして受け止められます。しかし、インドにおいて太陽は、自己犠牲や他への見返りのない献身を阻害するため、必ずしも肯定的に受け止められていません。西洋的価値観と仏教的価値観が交じりあっている日本では、相手の価値観によって若干修正が必要になるでしょう。

記号	☉
英語	Sun／Solar (Su)
サンスクリット語	Surya (スーリア)
支配星座	獅子座
生来的吉凶	弱い凶星
象意	父親、王、魂、エゴ、勇気、プライド、地位、名誉、権力、政府、王室、健康、薬、不毛、熱、エネルギー、赤、骨、心臓、血液、胃、目

【象意】 社会性、地位、権威、政治などが代表的象意です。それを人間の特性として考えれば、魂、エゴ、プライド、勇気の象意となります。家族のとしては父親、夫婦間なら夫になります。組織としては、政府、国王、公的機関に当たります。身体部位としては心臓、頭など生命維持のための中枢部位になります。太陽は生命の与え主でもあります。

月

心、大衆性をあらわす

【吉凶】　基本的に生来的弱い吉星に分類されます。しかし、月の明るさは満月に近づくほど明るくなり、新月に近づくほど暗くなりますが、満月に近く光の強い月は吉星的性質が強く、新月に近く光の弱い月は凶星的性質が強くなります。また月は、新月から満月までの間は満ちつつあるといい、成長や発展する傾向を帯びます。逆に満月から新月に至るまでの間は、欠けつつあるといい、衰退や清算する傾向を帯びます。月はこのように太陽との位置関係により、吉星にも凶星にもなります。

記号	☾
英語	Moon (Mo)
サンスクリット語	Chandra (チャンドラ)
支配星座	蟹座
生来的吉凶	条件次第
象意	母親、妻、女性、家族、心の安定、記憶力、快適さ、幸福、豊かさ、変化、名声、人気、旅行、園芸、海産物、水（海・川・湖）、液体、白、胃、胸（心臓、肺）、体液、子宮、左眼

【象意】　月は心を意味し、特に心の安定をあらわします。そこからいろいろな月の象意が展開できます。心の安定があるからこそ記憶力が良くなり、快適さや豊かさも感じることができます。月の光に支えられる時、人は親しみやすい大衆性を持ち周囲からの人気もでます。月の光は移ろいやすいものなので、旅行や変化を好む性質も生まれます。また、月は太陽に対するものですから、母親、妻という象意もあります。細やかな神経や女性という意味から、身体部位としては子宮、胃になります。

火星 ♂

行動力、集中力をあらわす

【吉凶】 火星と土星はともに強い凶星です。インド占星術の重要な技法であるヴィムショタリ・ダシャー（惑星周期）では、火星に7年の期間が割り振られ、土星には19年の期間が割り振られているため、火星のあらわすカルマは土星より十分に現象化する期間を与えられていません。従って、火星より土星がより影響力の大きい凶星と考えることが可能です。

記号	♂
英語	Mars (Ma)
サンスクリット語	Mangal（マンガラ）
支配星座	牡羊座、蠍座
生来的吉凶	強い凶星
象意	弟妹、情熱、集中力、欲望、焦り、怒り、武術、暴力、犯罪、スピード、精力、闘争、力、火、土地、固着産、科学、論理、運転・操縦、外科手術、赤、筋肉、肝臓、胃（消化の炎）、血液

【象意】 火星は情熱、行動力、集中力、争いの星です。そこからいろいろの象意が派生します。火星は行動が素早いですから、スピード、精力、力という象意が出ます。火星の行動力がよく出れば、スポーツマン、外科医、エンジニア、武道家として優れます。悪く出ると、暴力、犯罪、短気、怪我などに走りがちです。才能としては科学的才能や運転、機械操作などに優れます。身体的部位では筋肉、血液、健康面では怪我、炎症となります。肉親としては弟妹という象意があります。

水星

コミュニケーション能力、分析力をあらわす

【吉凶】 水星は、弱い吉星です。他の惑星の影響を受けやすいので、どの惑星とコンビネーションを組むかで吉凶が変化します。出生図において水星が生来的吉星と同じハウスに在住していたり、アスペクトを受けている場合、水星は十分に吉星として機能します。逆に生来的凶星と同じハウスに在住していたり、アスペクトを受けている場合、水星は生来的吉星としての機能を失います。

水星は、少年や王子という若くてまだ性的に未熟な年齢の象意を持つ惑星なので中性に分類されます。

記号	☿
英語	Mercury (Me)
サンスクリット語	Budha（ブッダ）
支配星座	双子座、乙女座
生来的吉凶	弱い吉星
象意	親戚、教育、知能、論理性、合理性、中世的、性的不能、言葉、手紙、コミュニケーション、商業、貿易、出版、印刷、事務員、会計、文筆、数学、占星術、踊り、緑、皮膚、肺、呼吸器、腸、神経、手足

【象意】 水星の象意の1つはコミュニケーション機能であり、もう1つは論理性です。コミュニケーション機能は双子座に属し、論理性は乙女座に属します。コミュニケーションの基本は言葉であり、商業や貿易がうまくいく根本でもあります。論理や分析を行う際の手段も言葉であり、数学、会計、占星術文筆、出版、情報、通信はその発展概念です。これを行うには知能、教育を必要とします。身体機能に例えると流動性のある性質から皮膚、肺、呼吸器、神経などが関係します。人物としては中性的人物になります。

◆解説編

木星

宗教性、幸運をあらわす

【吉凶】 木星は吉星中の吉星です。「生来的吉凶」というのは、在住星座や支配するハウスによる影響を考慮せず、惑星そのものが良い出来事を担当するのか、困難な出来事を担当するのかをあらわします。木星は惑星の中で最大の生来的吉星となり、他の影響でどんなに悪いふるまいをしたとしても、木星の良い部分は残ります。

記号	♃
英語	Jupiter (Ju)
サンスクリット語	Guru（グル）
支配星座	射手座、魚座
生来的吉凶	強い吉星
象意	子供、孫、教師、医者、裁判官、グル、智慧、識別力、幸運、チャンス、名誉、財産、拡大、外国、宗教、献身、伝統的、人文哲学、高等教育、占星術、聖典、マントラ、黄、脂肪、肝臓、動脈、消化不良

【象意】 木星の象意は西洋占星術のそれとはかなり異なります。インド占星術において木星は、宗教性、倫理性、思想性という意味が強く前面に出てきます。宗教や倫理道徳を教えられる人物は、教師、グル（宗教上の指導者）、裁判官などです。こうした人達は知恵や識別力を持っていますし、高等教育を受け伝統的価値観の上に立っています。また、倫理的で神への献身の行為をすると、善因善果の結果として幸運、チャンス、名誉、財産が得られます。子供という意味もあります。身体としては肝臓、脂肪になります。木星にはもちろん拡大、発展という象意もあります。

金星

恋愛、結婚、芸術をあらわす

【吉凶】 木星と金星はともに強い吉星です。西洋占星術では、太陽を1周する速度が金星より遅い木星はより影響力の大きい吉星と考えます。つまり、地球より内側の軌道を回る金星は運行速度が速く、十分な影響を与えることができないと考えています。しかし、ヴィムショタリ・ダシャー（惑星サイクル）では、木星に16年の期間が割り振られ、金星には20年の期間が割り振られているため、金星があらわすカルマは木星より十分に現象化する期間を獲得しています。従って、単純に金星より木星がより影響力の大きい吉星とインド占星術では考えません。

記号	♀
英語	Venus (Ve)
サンスクリット語	Shukra（シュクラ）
支配星座	牡牛座、天秤座
生来的吉凶	強い吉星
象意	配偶者、恋人、恋愛・結婚、快適さ、贅沢、宝石、幸運、美しさ、芸術、文化、踊り、音楽、ウォーター・スポーツ、娯楽、乗り物、輝く白、腎臓、生殖器、視力

【象意】 金星は、恋愛、結婚、芸術、文化、贅沢な暮らし、乗り物など、世俗の喜びや楽しいことを一切司ります。音楽、宝石、グルメ、娯楽、ウォータースポーツも含まれます。恋愛結婚のシンボルの星ですので、人物としては配偶者、恋人、美人、女性が該当します。セックスも金星の象意です。ですから身体部位も、腎臓、生殖器になります。

土星

庶民性、持続性をあらわす

【吉凶】 土星は、老人という性的には衰退した年齢の象意を持つ惑星なので、性別は中性に分類されます。土星は生来的凶星となります。

【象意】 土星もまた、西洋占星術とは大きく象意が異なります。インド占星術では土星は、奴隷、召使いの意味を持ちます。奴隷、召使いの人生は忍耐、疾病、苦悩、貧困、障害がともないます。犯罪の象意もあります。奴隷といってもインド社会ではシュードラ（奴隷階級）が70％以上を占めるので、大衆的存在であり労働に従事します。農業、建設、労働その他の日常の実務活動は彼らの職域です。そのような下層階級の人達は非伝統的で、改革を進める立場にあります。身体としては骨、神経が相当します。

記号	ち
英語	Saturn (Sa)
サンスクリット語	Sani（サニ）
支配星座	山羊座、水瓶座
生来的吉凶	強い凶星
象意	召使い、寿命、忍耐、疾病、苦悩、悲しみ、貧困、奇形、恐怖、遅延、否定、破壊、障害、犯罪、農薬、改革、建設、損失、安定、労働、民主主義、奉仕、青、神経、骨

ラーフ

あくなき現世的欲望をあらわす

【天文解説】　黄道と白道の交点のうち、昇交点をラーフといいます。

【象意】　ラーフはカルマの源になる煩悩をあらわします。つまり飽くなき現世的欲望です。このような人物は向こう見ずで、偽善、快楽主義、物質主義、賭博のような一か八かの行動に出るため、既存の社会秩序からはみ出たアウトカーストとみなされます。アウトカーストとは既存の社会秩序の枠からはみ出した人のことで、ラーフの場合それが外向的に発揮されます。作家、自由業、ベンチャービジネスなど、既存のサラリーマンの枠におさまらない職業が挙げられます。また、インドでは外国に出るとカーストを離脱したことになるので外国という象意があります。健康面では、悪性腫瘍、皮膚病の意味があります。

記号	☊
英語	Dragon's head もしくは North Node
サンスクリット語	Rahu (Ra)
支配星座	なし
生来的吉凶	凶星
象意	外国人、アウトカースト、王位、勲章、罪深い女性、蛇の毒、爬虫類、快楽主義、物質主義、飽くなき現世的欲望、勇気、向こう見ず、間違った理論展開、怠惰、偽善、異常、科学、外国での生活、賭博、専門技術、空、宇宙、骨、粘液、悪性腫瘍、皮膚病、むくみ

ケートゥ

禁欲、深い精神性をあらわす

【天文解説】 黄道と白道の交点のうち、降交点をケートゥといいます。

【象意】 ケートゥは煩悩を消す解脱をあらわします。解脱を得るための禁欲、沈黙の行などの象意が生じます。出家という意味もあります。ケートゥもラーフと同様アウトカーストの象意を持ちますが、その発揮の方向が内向的です。識別力や深い思考に富むため、良く出れば言語学者、数学者、システムエンジニアなどが挙げられますが、おたく、引きこもり、極端にマニアックな人物ともなり得ます。オカルト主義者でもあります。また、外国との縁もあります。健康面では、潰瘍、風邪の意味があります。

記号	☋
英語	Dragon's tail もしくは South Node
サンスクリット語	Ketu (Ke)
支配星座	なし
生来的吉凶	凶星
象意	医療従事者、外国人、アウトカースト、数学、コンピューター・プログラム、言語、アートマン（真我）、禁欲主義、沈黙の行、断食、解説、識別力、幽霊、毒のある言葉、陰謀、オカルト主義、ウパニシャッド哲学、苦痛を伴う熱、傷、潰瘍、天然痘、風邪

【ラーフ・ケートゥの吉凶】

　ラーフとケートゥは月の軌道と太陽の軌道の交点ですから、実体のない影の惑星とも呼ばれています。従ってラーフとケートゥは、在住する星座やコンビネーションを形成する惑星の性質をストレートに映し出すという性質を持っています。ラーフとケートゥは、生来的吉星の支配する星座に在住すると、生来的凶星としての性質が弱まり、吉星的要素が出てきます。特に水星や木星の支配する星座に在住するラーフとケートゥは、とりわけ良い働きをしやすくなります。

　また、吉星と同室したりアスペクトを受けたりすると、生来的凶星としての性質が弱まり、吉星的要素が出てきます。生来的吉星の中では、特に木星とコンビネーションを形成するラーフとケートゥが吉星としての力を強めます。同じくラーフとケートゥが在住する星座の支配星が、吉ハウスに在住している場合も、ラーフとケートゥが良い働きをしやすくなる条件です。

ハウス

4 生まれてから死ぬまでの段階をあらわす

◆ ハウスについて

　ハウスシステムはインド占星術では最も重要な概念です。星座が宇宙や現象世界の構成要素を担当しているのに対し、ハウスはパーソナリティ、人間関係、事故・病気、人生の目的など、人が生まれてから死ぬまでに経験するテーマを12に分類して担当しています。

　現代西洋占星術ではハウスの分割方法は多く存在していますが、インド占星術では1つの星座を丸ごと1つのハウスとして割り当てるホールサインを採用しています。単純なシステムですが、本場インドで何世紀にもわたって使われ続けていることが、このシステムの信頼性の高さを証明しています。ハウスに関する限り、インド占星術は西洋占星術よりもはっきりと機能します。

◆ アセンダントとラグナ

　アセンダントとは東の地平線を延長して黄道と交わる点のことで、このアセンダントが存在する星座を1ハウスとします。ラグナとはハウスの起点となることで、通常ラグナと呼ぶ時はアセンダントが在住する星座のことを指します。このアセンダントと同じように、太陽や月を1ハウスにする見方もあります。その場合は、スーリヤ・ラグナ、チャンドラ・ラグナと呼び、それぞれを1ハウスとしてハウスを置き換えます。西洋占星術ではソーラーサイン、ルナーサインといわれるものです。

◆ 分類 **重要**

ハウスの分類は、ホロスコープの良し悪しを判断する上で最も重要な視点です。この判断はインド占星術を理解する上で最も重要な箇所となります。

---
① トリコーナ・ハウス…1、5、9ハウス

<在住・支配>

過去（生）に積んだ功徳の結果として幸運をもたらします。幸運さの順番は9（強）→5→1（弱）ハウスです。このハウスを支配する惑星や在住する惑星は、凶星であっても良い働きをもたらします。このように、ハウスを支配することによって一時的に吉星のような働きをする惑星のことを、機能的吉星といいます。トリコーナ・ハウスに多くの惑星が集中する場合は、宗教性や道徳性が高くなる傾向があります。

例 木星が9ハウスに在住しても支配しても吉星として働き、木星・9ハウスの象意に関わる父親・倫理性・教育・法律面での幸運をもたらします。

---
② ケンドラ・ハウス…1、7、4、10ハウス

<在住>

このハウスに在住する惑星は強い影響力をもたらします。西洋占星術ではアンギュラー・ハウスと呼ばれます。強さの順番は10（強）→7→4→1（弱）ハウスです。このハウスに多くの惑星が集中する場合は、吉凶関係なく影響力が強くなるので、良くも悪くも目立つ

タイプとなります。

<支配>

このハウスを支配する惑星は、生来的に持つ惑星の吉凶を中立化する働きがあります。つまり木星・金星・水星がケンドラ・ハウスを支配する場合は吉意が弱まり、火星・土星が支配する場合は凶意が弱まります。

例 金星が7ハウスに在住する場合は吉星として働き、金星と7ハウスの象意に関わる対人関係が良くなります。しかし、吉星である金星が7ハウスを支配するならば吉意が弱まってしまいます。金星の象意に関わる結婚や健康（7ハウスは健康や寿命に関係するマラカ・ハウス）に問題を生じるかもしれません。

③　ウパチャヤ・ハウス…3、6、10、11ハウス

<在住>

このハウスに在住する惑星は最初は苦難をもたらしますが、努力していくことによって改善していく働きがあります。ウパチャヤ・ハウスに凶星が集中する場合はハードワーカーになる傾向があります。逆に吉星が集中する場合は、争いごとを好まないのは良いのですが、ややもすると頑張りのきかないタイプとなります。

<支配>

このハウスのうち、ケンドラ・ハウスである10ハウスを除いた3、6、11ハウスは支配する惑星にとって凶意が強くなるため、凶ハウスと呼ばれることもあります。この凶ハウスを支配することによって、一時的に凶星のような働きをする惑星のことを、機能的凶星と呼びます。凶意の強さは11（強）→6→3（弱）ハウスです。

例 凶星である土星が3ハウスに在住する場合、凶星のウパチャヤ在住ですので、3ハウスのテーマである努力・訓練に対して土星の忍耐や持続力が発揮されます。しかし、土星が3ハウスを支配する場合は、土星の凶意が強く出てきます。

④　ドゥシュタナ・ハウス…6、8、12ハウス

＜在住＞

このハウスに在住する惑星は、マイナスの影響をもたらすようになります。困難や不運と関係し、困難さの順番は8（強）→12→6（弱）ハウスです。このハウスに多くの惑星が集中する場合、異端性の強い分野でなら成功できます。

＜支配＞

このハウスのうち、6ハウスは機能的に凶星化します。8、12ハウスは中立となり、支配することによるプラス・マイナスの変化はありません。

補足 ドゥシュタナ・ハウス在住の惑星が支配するハウスが、トリコーナ・ハウスのような良いハウスであれば、良い運を得ることができます。6ハウス在住ならば6ハウスの象意に関わる医療・サービス、8ハウス在住ならば研究・占い、12ハウス在住ならば海外・裏方の仕事などに良い運を得ることができます。

⑤　マラカ・ハウス…2、7ハウス

寿命の時期に関連するハウスとなります。マラカ・ハウスとしての強さの順番は2（強）→7（弱）ハウスになります。古典では太陽

と月はマラカとならないと記述されていますが、占星術家によってはマラカとして扱っています。ケンドラ・ハウスを2つ支配する水星と木星、トリコーナ・ハウスを支配している機能的吉星はマラカとならないとされます。また、3、6、8、11、12ハウスを支配する土星は、2ハウスや7ハウスの支配星と関連すると最も重要なマラカとなるとされます。健康状態を見ていく時に大切なポイントになります。

⑥　中立・ハウス…2、8、12ハウス

<支配>

太陽と月以外は2つの星座を支配しますので、同時に支配するもう一方のハウスの影響に左右されます。

①から⑥の説明を表にまとめると以下のようになります。

ハウス分類と吉凶一覧表

分類	吉凶 在住	吉凶 支配	1室	2室	3室	4室	5室	6室	7室	8室	9室	10室	11室	12室
トリコーナ	◎	◎	○				○				○			
ケンドラ	○	吉星× 凶星○	○			○			○			○		
ウパチャヤ	吉星△ 凶星○	×			○			○				○	○	
ドゥシュタナ	×	×						○		○				○
マラカ	×	×		○					○					
中立	−	△		○						○				○

◆ 人生時期との対応

　生まれてから死ぬまでを12ハウスに対応させる考え方があります。この考え方と結び付けると、ハウスの象意は覚えやすくなりますので、ここで紹介します。

1ハウス（アセンダント）

アセンダントは**自分自身**、**自我**、**身体**、**生まれた環境**をあらわします。この世界で何をするにも、この身体が基本となります。よって、ホロスコープの中で一番重要なハウスとなります。このハウスが良いことが、開運にとってなにより大切です。

2ハウス

財産のハウスです。1ハウスを根本として所有するもの、蓄財できるものを担当します。また身体に取り入れる栄養として飲食することも、2ハウスが担当します。また、**生まれてからの環境、身近にいる人々（家族）**もこのハウスです。大人になってからは自分で稼がなければなりませんが、幼時の飲食は家族が与えてくれるのです。

3ハウス

努力と**訓練**のハウスです。自我が芽生えてきた頃、いろいろなものに興味を示します。行動範囲も、家から離れ近所まで広がります。興味を満足させたり、見知らぬ近所で行動したりするには強い集中力や精神力、勇気が必要となります。

4ハウス

母親、**家**など**生活の土台**をあらわすハウスです。このハウスで様々

な土台を築きます。それは母親からの躾や、学校の基礎教育なども これに含まれます。土台が安定するということは、すなわち心の安 定となります。

5ハウス

創造のハウスです。4ハウスで基礎的な土台を構築した後、自分の 意見を主張することになります。大学でいえば論文を発表する段階。 芸術でいえばオリジナルの作品を発表することが該当します。

6ハウス

争いのハウスです。5ハウスで主張した意見に問題があれば、ここ で意見のぶつかりあいが生じます。争いによるストレスが生じたり、 事故・病気になったりするのもこのハウスです。そこから派生して、 **競争**、**試験**、**選挙**などの意味もあります。

7ハウス

パートナーのハウスです。6ハウスで仕事のイロハを学び、ライバル と切磋琢磨し、社会人として責任を果たせるようになると、人生 のパートナーを欲求するようになります。人生のパートナーは配偶 者ですが、ビジネスパートナーも含まれます。

8ハウス

苦悩、**研究**のハウスです。7ハウスで価値観の違う人たちとの交流 が生じ、様々な摩擦やトラブルが生じます。慢性的な病に悩み、煩 悩に苦しみます。そこで堕落して犯罪に手を染める人も、逆にそれ を克服し人生の意義を模索しようとする人もいます。

9ハウス

父親、**宗教**のハウスです。8ハウスでの経験は、心の成長、精神性の向上に対する必要性を実感します。不徳のなす行為が苦悩の原因であることを悟り、正しい道や善を行う習慣を培うことへと導きます。これが結果として神の御心に叶い、幸運もたらすことがあります。しかし、不道徳な行為の積み重ねがある時は逆に、その清算を迫られる時があります。

10ハウス

天職、**天命**のハウスです。9ハウスで社会的・人間的に成長した魂は信頼され、責任のある地位を与えられます。そこで社会的責任を自覚し、人生の目的を追求します。

11ハウス

願望成就、**利益**のハウスです。10ハウスでの行為によって利益を得ます。徳を積めば願望が成就し、仕事によって給料を得て、社会に貢献すれば支援者が集まります。

12ハウス

消費、**損失**のハウスです。11ハウスで得た収入を消費します。社会でなすべきことを終えた魂は引退し、隠遁生活をします。最後に、肉体を離れ次の生へ旅立ちます。

◆ ハウスの特徴・象意一覧

1ハウス	
ハウスの分類	トリコーナ・ハウス、ケンドラ・ハウス
象　　意	本人、性格、幸・不幸、名声、平和、豊かさ、健康、自尊心、出生地、家系、家柄、身体、頭部

2ハウス	
ハウスの分類	中立・ハウス、マラカ・ハウス
象　　意	家族、家庭、商売、収入、利益、財産、富の蓄積、飲食、言葉、スピーチ、会話、右目、顔（鼻、口、喉、顎）

3ハウス	
ハウスの分類	ウパチャヤ・ハウス
象　　意	弟妹、努力、技術訓練、トレーニング、勇気、精神的な強さ、集中力、旅行、短距離の移動、近所の人、音楽、ダンス、俳優、本人の寿命・死因、愛国心、隣国、腕、肩、右耳

4ハウス	
ハウスの分類	ケンドラ・ハウス
象　　意	母親、家庭、土地、建物、家具、乗り物（車、飛行機、船）、幸福、記憶、知識、基礎的な教育、農業、議会、野党、胸部、肺

5ハウス	
ハウスの分類	トリコーナ・ハウス
象　　意	子供、想像、高等教育、知能、才能、文学、哲学、芸術、恋愛、威厳、宗教的実践、マントラ、投機、首相、腹部（胃）、心臓

6ハウス	
ハウスの分類	ウパチャヤ・ハウス、ドゥシュタナ・ハウス
象　　意	敵、部下、親戚、争い、病気、事故、訴訟、試験、競争、選挙、労働、借金、サービス、腹部（腸）

7ハウス	
ハウスの分類	ケンドラ・ハウス、マラカ・ハウス
象意	配偶者、結婚、セックス、ビジネスパートナー、対人関係、社会的名声、記憶の喪失、腰腹部、泌尿器、生殖器

8ハウス	
ハウスの分類	ドゥシュタナ・ハウス、中立・ハウス
象意	本人の寿命、研究、秘密、突然、不規則、トラブル、遺産、名誉の失墜、罪、懲罰、残酷な行為、精神的苦悩、慢性病、ヨガ、占い、瞑想、死因、外部生殖器

9ハウス	
ハウスの分類	トリコーナ・ハウス
象意	父親、グル、幸運、高度な知識、慈善、宗教、信仰、神やグルへの献身、高徳な行い、巡礼、長距離の移動、外国、大臣、腰（腸骨の両側）

10ハウス	
ハウスの分類	ケンドラ・ハウス、ウパチャヤ・ハウス
象意	上司、転職、天命、社会的使命、専門職、名誉、地位、社会的行動、社会的影響力、権力、政府、与党、大腿、膝

11ハウス	
ハウスの分類	ウパチャヤ・ハウス
象意	兄姉、友人、支援者、定期的な収入、利益、社会的評価、成功、勲章、願望成就、才能を使いこなす手腕、すね、左耳

12ハウス	
ハウスの分類	ドゥシュタナ・ハウス、中立・ハウス
象意	損失、出費、投資、負債の返却、寄付、現世からの離脱、苦悩からの解放、出家、隠蔽、投獄、入院、異郷の地、外国、海外移住、死、左目、足首から下全部

IV．組み合わせの基礎

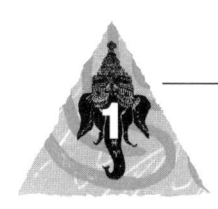

コンビネーション

1 法則に基づく組み合わせが影響を与えあう

★ コンビネーションとは

コンビネーションとは、組み合わせること、結合、連結という意味です。ここでは惑星、星座、ハウスがどのような法則によって組み合わさるかを解説します。インド占星術では、**コンビネーションの強い順番に星座交換、コンジャンクション、アスペクト、在住となります**。組み合わさった惑星同士で相互に影響を与えあいます。

★ 星座交換

> 2つの惑星がお互いの支配星座に在住する状態

星座交換とは英語でミューチュアル・レセプションといい、2つの星座がお互いの支配星を交換している状態を指します。例えば、牡羊座の支配星である火星が牡牛座に在住し、牡牛座の支配星である金星が牡羊座に在住している時、火星と金星は星座交換している

といいます。

　星座交換している惑星は、自分の支配している星座に在住しているかのような状態となるため、在住星座による惑星の吉凶の強弱は底上げされます。また、それぞれの在住ハウスを強めます。図表の場合、アセンダントが射手座であるとしたら、金星は5ハウス、火星は6ハウスに在住ですので、5、6ハウスの働きを強めます。

	♀	♂	

★ コンジャンクション

> 複数の惑星が同じハウスに在住している状態

　コンジャンクションとは、2つ以上の惑星が同じハウスに在住するコンビネーションです。この場合、惑星間の距離は関係ありませんが、惑星間の度数の開き（オーブ）が狭いほど、影響力が強いと考えます。

		♂♀	

Ⅳ　組み合わせの基礎

★ アスペクト

　インド占星術におけるアスペクトとは、自分の在住するハウス以外のハウスと、そのハウスに在住する惑星に与える影響のことです。アスペクトするハウスに惑星が在住していなくても、そのハウスに影響を与えるというところが西洋占星術とは大きく異なります。この場合でも、惑星間の度数の開き（オーブ）が狭いほどその影響力は強くなります。

＜対向ハウスへのアスペクト＞

> ２つの惑星が正反対の対角線上のハウスに在住する状態

　ラーフとケートゥを除く７惑星は、180度反対のハウスと、そのハウスに在住する惑星に対してアスペクトします。例えば、牡羊座に金星が在住する場合、180度反対にある天秤座の火星にアスペクトし影響を与えあいます。

	♀		
		♂	

＜火星・木星・土星の特別アスペクト＞

> ２つの惑星が互いに影響を与えあうのではなく、
> 火星・木星・土星が一方的に他の惑星に影響を与える形で
> アスペクトする状態

　インド占星術独特の技法で、火星・木星・土星はそれぞれ対向するハウス以外のハウスへ一方的にアスペクトをします。火星は、4番目、8番目。木星は5番目、9番目。土星は3番目、10番目のハウスへ特別アスペクトをします。

♂ 火星

火星の場合は、火星が在住しているハウスから4番目、8番目のハウスに一方的にアスペクトします。この場合、4番目、8番目のハウスに在住する惑星からアスペクトをして返すということはありません。

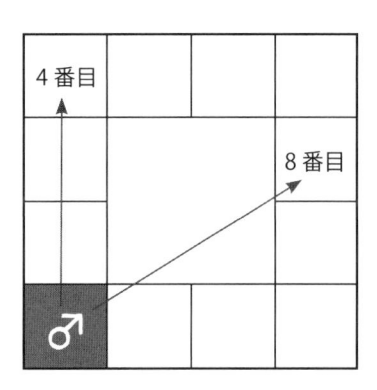

◆解説編

♃ 木星

木星の場合は、木星が在住しているハウスから5番目、9番目のハウスに一方的にアスペクトします。この場合、5番目、9番目のハウスに在住する惑星からアスペクトをして返すということはありません。

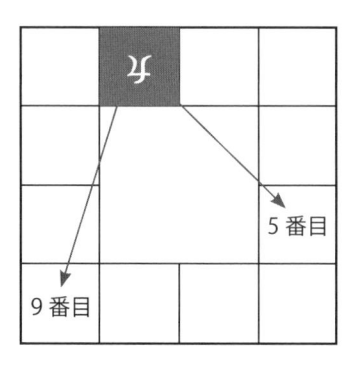

♄ 土星

土星の場合は、土星が在住しているハウスから3番目、10番目のハウスに一方的にアスペクトします。この場合、3番目、10番目のハウスに在住する惑星からアスペクトをして返すということはありません。

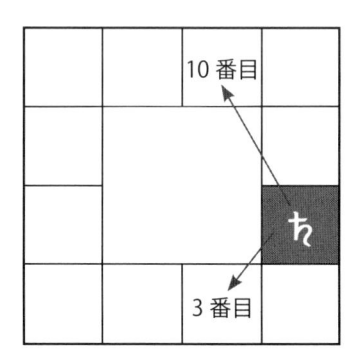

<相互アスペクト>

通常、アスペクトは一方通行ですが、ある条件が揃うと相互アスペクトとなります。

パターン1

惑星が180度対向のハウスにそれぞれ在住する状態

2つの惑星が180度対向のハウスにそれぞれ在住する状態。図表の場合、牡羊座に在住する火星は対向の天秤座にアスペクトし、天秤座に在住する金星は対向の牡羊座にアスペクトし、相互アスペクトとなります。

	♂		
	♀		

パターン2

火星・木星・土星が、片側アスペクトを相互にしている状態

火星・木星・土星の特別アスペクトによる相互アスペクト。図表の場合、牡羊座に在住する火星は蟹座に4番目の特別アスペクトをし、蟹座に在住する土星は牡羊座に10番目の特別アスペクトをし、相互アスペクトとなります。

	♂		
			♄

★ 在　住

> 惑星が特定のハウスにいること

在住とは、支配ハウスと在住ハウスが結び付くコンビネーションです。コンビネーションの強さとしては最も弱く、コンジャンクションを1とするとその半分程度となります。

以下の例では、10ハウスと11ハウスを支配する土星が4ハウスに在住しています。ここで4・10・11ハウスが結び付くことになります。

	ASC		
11ハウス			♄
10ハウス			

COLUMN 1

サイン・惑星・ハウスの応用

　基本原則を一通り知ったところで、テーマ別に具体的見方を以下に示します。実際には、それぞれの要素を組み合わせたより複合的な見方をしますが、ここでは個々の要素を取り上げたシンプルな見方を記述します。

◆　恋愛・結婚の見方

着眼点

（1）恋愛は金星、5ハウスおよび5ハウスの支配星の状態で見ます
（2）結婚は金星、7ハウスおよび7ハウスの支配星の状態で見ます

全体としての結婚運

（1）ASC、太陽、金星、月から見た7ハウスにどの惑星が在住しているか
（2）孤独や寂しさをあらわすケマドルマ・ヨガがあるか
（3）第9分割図のナヴァムシャチャートが恋愛結婚の状態を示します

惑星とハウスから見た結婚運

（1）金星か7ハウスの状態が良いと結婚運が良い
　●金星がトリコーナかケンドラに在住している
　●金星がトリコーナかケンドラを支配している
　●7ハウスに惑星が在住していると結婚できる
　●7ハウスに金星以外の吉星が在住している
　●7ハウスに在住している惑星が機能的吉星になっていると良い
　●7ハウスに在住している惑星が吉星とコンビネーションを組んでいる

(2) 金星か7ハウスの状態が良くないと結婚運が悪い
- 金星がドゥシュタナ (6、8、12ハウス) に在住している
- 金星がドゥシュタナ (6、8、12ハウス) からのアスペクトを受けている
- 7ハウスの支配星がドゥシュタナ (6、8、12ハウス) に在住している
- 7ハウスの支配星がドゥシュタナ (6、8、12ハウス) からのアスペクトを受けている
- パーパカルタリ・ヨガになっている
- 火星が7ハウスに在住する
- 火星が7ハウスに対して8番目のアスペクトをしている
- 火星がドゥシュタナの8ハウスに在住している
- 金星が凶星からのアスペクトを受けている

結婚の時期

1. ダシャーが切り替わる時
2. 金星のマハーダシャー、アンタラダシャーの時
3. 7ハウス在住の惑星がマハーダシャー、アンタラダシャーの時
4. ラーフのマハーダシャー、アンタラダシャーの時
5. 金星からアスペクトを受けている惑星のマハーダシャー、アンタラダシャーの時
6. 7ハウスからアスペクトを受けている惑星のマハーダシャー、アンタラダシャーの時
7. 木星、土星のダブルトランジットが7ハウスをアスペクトする時

◆ 職業の見方

1. ASCおよび月から見た10ハウスおよびその支配星の状態はどうなっているか
2. 10ハウス在住の惑星とその吉凶強弱の状態はどうなっているか

3. ホロスコープの中で最も強力な惑星はどれかで適職を見ます
4. 9分割図のナヴァムシャチャートの10ハウスの支配星の状態はどうなっているか
5. 10ハウスのサイン(火地風水)が職種に関係します
6. ハウスによる特徴
   - ●2ハウスが良い人は独立運があります
   - ●6ハウスが良い人はサービス、奉仕に適性があります
   - ●10ハウスが良い人は社会的成功をもたらします
   - ●11ハウスが良い人は定期的収入に恵まれます
7. 10ハウス在住またはそこにアスペクトしている惑星が適職になります
   太陽…政治家、法律家、判事、公務員、貴金属
   月…看護士、宝飾関係、農業関係、家庭用品
   火星…軍人、兵士、大工、機械工、技術者、化学、保険、肉屋
   水星…校長、数学者、作家、秘書、経理関係、保険、セールスマン
   木星…司祭、法律家、カウンセラー、学者、教師
   金星…芸術家、俳優、化粧品、宝石、食品販売員、法律事務、仕立て屋
   土星…専門職、管理者、職人、道路掃除人、植字工、行商人
   ※10ハウスに惑星がない時は、ナヴァムシャチャートの10ハウスの支配星で判断します
8. 就業および転職の時期
   - ●ダシャーが切り替わる時
   - ●10ハウス在住の惑星がマハーダシャー、アンタラダシャーにくる時
   - ●10ハウス支配の惑星がマハーダシャー、アンタラダシャーにくる時
   - ●ホロスコープの中で最も強力な惑星がマハーダシャー、アンタラダシャーにくる時
   - ●木星、土星のダブルトランジットが2、6、10ハウスにアスペクトする時

◆ 健康の見方

●支配惑星および支配ハウスの傷付きの有無を見る
以下のような場合に、支配惑星および支配ハウスは傷付きます。
（1）機能的凶星がドゥシュタナ（6、8、12ハウス）に在住し、敵対、減衰等で傷付いている
（2）特定の惑星がマラカ・ハウス（2、7ハウス）に在住するか支配していて、敵対、減衰等で傷付いている
（3）特定の惑星がマラカ・ハウス（2、7ハウス）に在住するか支配していて、生来的凶星からアスペクトを受けている
（4）特定の惑星がそれぞれのサイン(星座)の29度から1度までの間に在住している時
（5）特定のハウスが凶星からアスペクトを受けているかコンジャンクションして、減衰、敵対などで傷付いている時

●傷付いた支配惑星および支配ハウスに対応する部位を探す
それぞれサイン、惑星、ハウスが傷付く時、対応部位が弱くなります。

┌（1）サイン(星座)────────────────┐
│　　牡羊座…頭　　　　　　天秤座…下腹部　　　│
│　　牡牛座…顔　　　　　　蠍　座…外部性器　　│
│　　双子座…首、肩、腕、胸上部　射手座…尻から太もも│
│　　蟹　座…心臓　　　　　山羊座…膝　　　　　│
│　　獅子座…上腹部、胃　　水瓶座…膝からふくらはぎ│
│　　乙女座…中腹部　　　　魚　座…足首から足先　│
└─────────────────────────┘

（2）惑星

太陽…心臓
月……心、胃、子宮、左目
火星…怪我、筋肉、肝臓、血液
水星…皮膚、肺、呼吸器、腸、神経
木星…肝臓、動脈

金星…腎臓、生殖器
土星…神経、骨
ラーフ…悪性腫瘍、むくみ
ケートゥ…風邪、潰瘍

（3）ハウス

1 ハウス…先天的体質、身体、頭部
2 ハウス…顔（鼻、口、喉、顎）
3 ハウス…腕、肩、耳、右耳
4 ハウス…胸部、肺
5 ハウス…腹部（胃）、心臓
6 ハウス…病気、腹部（腸）

7 ハウス…泌尿器、生殖器
8 ハウス…慢性病、外部性器
9 ハウス…腰
10 ハウス…大腿部、膝
11 ハウス…すね、左耳
12 ハウス…左目、足首

●人体部位の弱い個所の発病時期を見ていきます

（1）敵対、減衰、機能的凶星などで傷付いている惑星が、マハーダシャー期を迎えた時

（2）特に（1）において、マハーダシャー期とアンタラダシャー期のどちらの惑星も傷付いてる時

（3）傷付いている惑星が、トランジットの凶星とコンジャンクションまたはアスペクトを受けている時

（4）特に（3）において、マラカ・ハウス（2、7ハウス）、ドウシュタナ（6、8、12ハウス）と関係する時

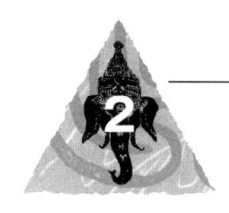

ヨガ

2 1000種類以上ある特別な意味を持つ組み合わせ

★ ヨガとは

　ヨガは「結び付き」という意味になります。インド占星術におけるヨガとは、惑星やハウスがコンビネーション（星座交換、コンジャンクション、アスペクト、在住）によって結び付くことで、1000種類以上のヨガがあります。

　今まで説明してきた基本法則の組み合わせによって導くことができるヨガもありますが、中には全く根拠が不明ながら結果が生じるヨガもあり、奥深いテーマといえます。本書では混乱のないよう、最も重要かつ分かりやすい基本的なヨガにのみ絞って解説しています。

★ 基本のヨガ

<①ラージャ・ヨガ（王者のヨガ）>

> トリコーナ・ハウス（1、5、9ハウス）の支配星と
> ケンドラ・ハウス（1、4、7、10ハウス）の
> 支配星がコンビネーションを組む状態

ラージャ・ヨガは、幸運をあらわすトリコーナ・ハウスの支配星と保護をあらわすケンドラ・ハウスの支配星のコンビネーションです。最も基本的で重要なヨガで、社会的成功や社会的地位の確立をもたらすものです。

具体的には、トリコーナの1、5、9ハウスとケンドラ・ハウスの1、4、7、10ハウスが、星座交換したりコンジャンクションしたり、アスペクトしたりする時に成立します。図表では、太陽はトリコーナ・ハウスの5ハウスを支配し、土星はケンドラ・ハウスの10ハウスを支配しています。太陽と土星は相互アスペクトのコンビネーションを組み、ラージャ・ヨガとなります。

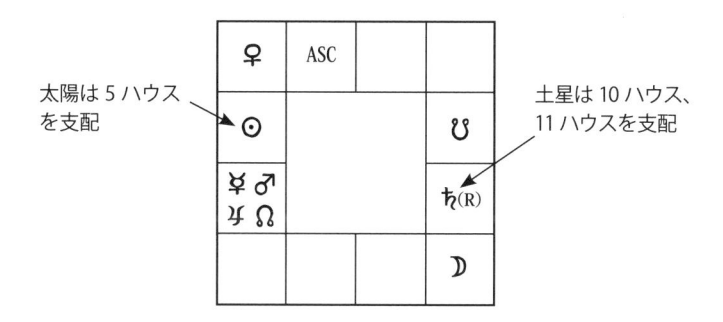

♀	ASC		
☉			☋
☿ ♂ ♃ ☊			♄(R)
		☽	

太陽は5ハウスを支配

土星は10ハウス、11ハウスを支配

またこれに関連して、**1つの惑星がケンドラ・ハウスとトリコーナ・ハウスを同時に支配することを、ラージャ・ヨガカラカといいます**。ラージャ・ヨガと同様の効果がありますので、覚えておきましょう。

<②ダーナ・ヨガ（財運のヨガ）>

> 2ハウス(利益)と11ハウス（収入）の財運を表す
> ハウスの支配星が、幸運のトリコーナ・ハウスの支配星と
> コンビネーションを組む状態

　ダーナ・ヨガは、財運を示すハウスと、幸運をあらわすトリコーナ・ハウスのコンビネーションです。財運のハウスと幸運のハウスのコンビネーションですから、富や財産をもたらすヨガとなります。

　具体的には、財運をあらわす2、11ハウスと、幸運を意味するトリコーナ・ハウスの1、5、9ハウスが星座交換したりコンジャンクションしたり、アスペクトしたりする時に成立します。

　図表では、火星は2、7ハウスを支配しています。金星は1、8ハウスを支配しています。火星の2ハウスは収入をあらわし、金星の1ハウスは幸運のトリコーナ・ハウスです。火星と金星はコンジャンクションしているので、ここでダーナ・ヨガが成り立ちます。

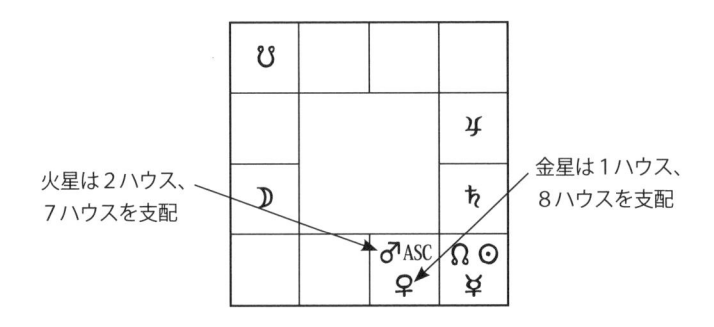

火星は2ハウス、
7ハウスを支配

金星は1ハウス、
8ハウスを支配

⭐ その他の主要なヨガ

<①チャンドラマンガラ・ヨガ（投機的成功のヨガ）>

> 月と火星がコンビネーションを組む状態

　チャンドラマンガラ・ヨガは富をもたらすヨガです。木星のアスペクトがない場合、手段を選ばぬ実行力や強引さを持ちます。投資家やギャンブル好きの人、一部犯罪者にもよくこのヨガが見られます。これが良く出るか裏目に出るかは、その品位に関わっています。有名人ではビル・ゲイツ、トーマス・エジソンがこのヨガを持っています。

　トーマス・エジソンは、3ハウスの月と火星がコンジャンクションして、チャンドラマンガラ・ヨガを作っています。彼は、自らの権利を守るために訴訟を厭わず「訴訟王」という異名を持つ一方、他者の発明を積極的に金で奪い取ることも厭わなかったという二面性も持っていました。彼が偉大な発明をしたことは間違いありませんが、優れた創造性よりもむしろ、改良発明、製品化、それを通じての事業化の方で、彼は評価されています。チャンドラマンガラ・ヨガの持つ強引性が、こうした生き方に反映されています。

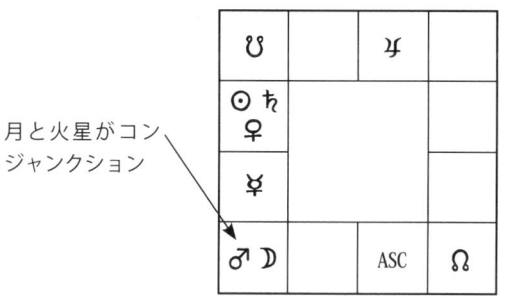

月と火星がコンジャンクション

トーマス・エジソンのラーシチャート

<②ガージャケサリ・ヨガ（学者のヨガ）>

> 月と木星がケンドラ関係にある状態

　ガージャケサリ・ヨガは、月と木星がケンドラ関係の位置にある時に成り立ちます。**ケンドラ関係とは、2つの惑星間のハウス関係が、1ハウス、4ハウス、7ハウス、10ハウスの関係である**、つまり片方の惑星のハウスも1ハウス分と数えて4ハウス離れていることを意味します。このヨガの持ち主は、永続する名声、学識、すぐれた記憶力、組織のリーダーをもたらすことができます。

　しかし、このヨガは比較的できやすいヨガなので、その品位には十分考慮を払う必要があります。惑星の強さや品位の差によって、同じリーダーでも大組織の統卒者か小サークルの世話役か、世間から評価されずに終わるかなどの差が出ます。有名人としてはナポレオン・ボナパルト、アルベルト・アインシュタイン、マハトマ・ガンジー、などがこのヨガを持っています。

　マハトマ・ガンジーは牡羊座の木星と蟹座の月が、牡羊座も1ハウス分と数えて4ハウス離れ、ケンドラ関係です。「インド独立の父」としての彼の名声は、まさに永続する名声でしょう。

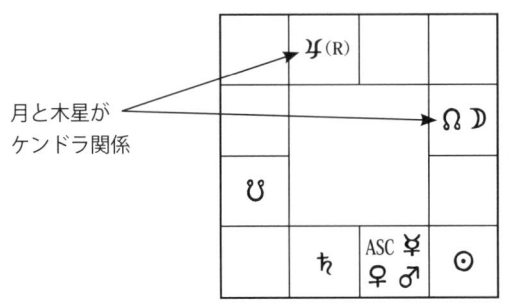

マハトマ・ガンジーのラーシチャート
（月と木星がケンドラ関係）

<③グルマンガラ・ヨガ(努力のヨガ)>

火星と木星がコンビネーションを組む状態

　グルマンガラ・ヨガは、本人の努力によって成功するヨガです。裏を返せばそれは、成功のためには、他人を頼りにできず自力更生でことを進めていかざるを得ない傾向を意味します。

　そのため、どちらの意味で出るかよく他の条件を検討する必要があります。有名人としては、石井慧、松田聖子、舛添要一、ヴィンセント・ファン・ゴッホなどがいます。いずれも自分自身の努力で成功を勝ち得た人達です。しかし悪く出ると独断専行の傾向が出る人もいます。

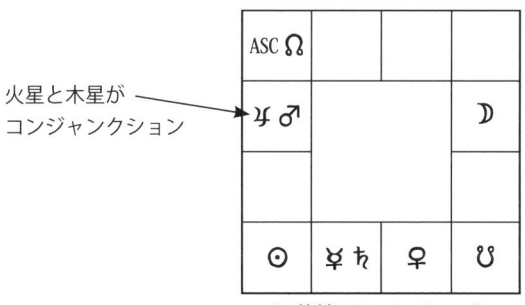

火星と木星が
コンジャンクション

	ASC ☊		
♃ ♂			☽
☉	☿ ♄	♀	☋

石井慧のラーシチャート

　北京オリンピックにおいて、柔道で金メダルを獲得した石井慧選手のホロスコープです。彼は柔道柔道から総合格闘技に転向しました。友好星の火星と総合的に中立の土星とが星座交換をしています。これはすぐれた武道家の特徴です。太陽をアセンダントとして見るとこのグルマンガラ・ヨガは3ハウスに在住します。3ハウスの象意のスポーツ分野での努力や訓練により成功したことを意味します。

実際に、彼の北京オリンピックでの金メダルは、自費で海外に出かけ、ブラジリアン柔道をはじめ海外の異質の柔道を研究し、その対策を練った産物です。まさに自身の努力による成功です。その一方、後に説明するケマドルマ・ヨガの典型的な持ち主でもあり、剛毅な性格の一面、欝病的要素の強い人でもあるでしょう。

<④スーリアグル・ヨガ（高貴のヨガ）>

> 太陽と木星がコンビネーションを組む状態

　スーリアグル・ヨガは高貴さ、威厳、権威をもたらすヨガです。このヨガの持主は堂々たる態度があり、妙な隠し立てもせず、小賢しい嘘もつきません。これが良く出れば、貫録、上品さ、王道を進む傾向になります。しかし品位が低いと、馬鹿正直で世渡りが下手な傾向が出てきます。威厳が保たれるかどうかは、その人のホロスコープがそれだけ強いかどうかを考慮しなければなりません。有名人ではオードリー・ヘップバーン、マリア・カラスなどがこのヨガを持っています。いずれもオードリー・ヘップバーンは気品、マリア・カラスは堂々たる歌姫の貫録という、良い形で出ています。

　一世を風靡したオペラ歌手のプリマドンナ、マリア・カラスの素晴らしい声は、激しい訓練の賜物といわれています。長時間の訓練に裏打ちされた安定した声が、彼女のオペラ歌手としての身上でした。最初に音楽的訓練を受けた場所は、両親の故国とはいえ、外国のギリシャです。12ハウスに在住する高揚の土星にそれがあらわれています。そこに火星がコンジャンクションしていますので、相

当激しい訓練だった思われます。その土星が2ハウス金星にアスペクトしています。2ハウスは人体部位でいうと声帯、喉をあらわします。そこに金星がある訳ですから、持続的な声楽訓練により収入を得ることになります。しかし凶星である土星のアスペクトを受けていて、これが後に声帯を壊す原因となります。1ハウスは見事なスーリアグル・ヨガになっています。この太陽は第9分割図のナヴァムシャでも蠍座にあり、「ヴァルゴッタマ」という強力な働きをする配置です（P115参照）。木星も2ハウスと5ハウス支配ですから職業上の利益や名声を得ることができます。スーリアグル・ヨガとしては、最高限度に良質なヨガです。

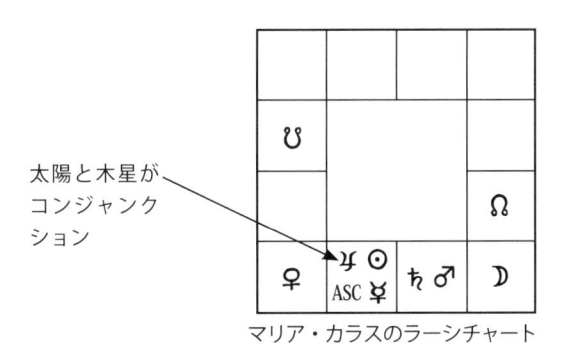

太陽と木星が
コンジャンク
ション

マリア・カラスのラーシチャート

★ 不運なヨガ

<①ケマドルマ・ヨガ（孤独のヨガ）>

> 月の両脇のハウスに太陽・ラーフ・ケートゥ
> 以外の惑星がない状態

　月の両側のハウスに太陽とラーフ、ケートゥ以外の惑星が在住していない場合、孤独や心の寂しさをあらわすヨガとなります。ただし、月やアセンダントから見たケンドラ・ハウスに太陽以外の惑星が在住している場合、このヨガは緩和されます。こういう場合をカルパドルマ・ヨガといいます。このヨガを持つ人は、寂しさを仕事に打ち込むことによって紛らわす傾向があり、成功している芸能人、スポーツマン、実業家の多くに、このヨガの持ち主がいるのは面白い現象です。

　下図のカルパドルマ・ヨガをあらわすチャートでは、アセンダントから見てケンドラ・ハウスの1つである7ハウスに木星があります。この場合は、ケマドルマ・ヨガの持つ寂しさが緩和されます。

月が孤立（両脇に在住する惑星が無い）

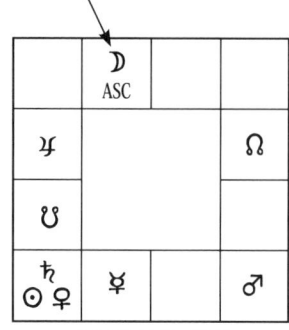

アセンダントや月から見たケンドラ・ハウスに惑星がある

ケマドルマ・ヨガ　　　　カルパドルマ・ヨガ

<②パーパカルタリ・ヨガ（不健康のヨガ）>

> 生来的凶星が2ハウスと12ハウスにある状態

　アセンダントの両側のハウス、つまり2ハウスと12ハウスに生来的凶星が在住する場合、病弱、不健康な食事、過剰な性的情熱など、1ハウスの象意が傷付く傾向が強くなります。

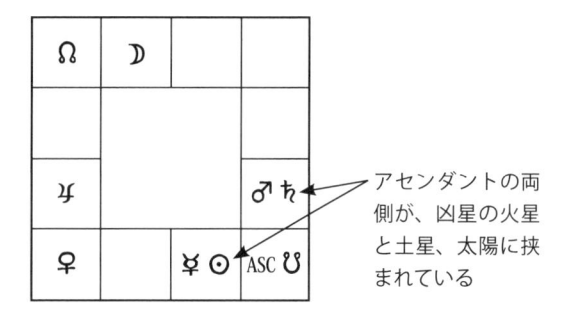

☊	☽		
♃			♂ ♄
♀		☿ ☉	ASC ☋

アセンダントの両側が、凶星の火星と土星、太陽に挟まれている

　本書で説明したヨガはほんの一部ですが、惑星やハウスがどうなれば強くなるか、肯定的な良い働きをするのか、あるいは否定的な働きをするのかという基本法則を理解していれば、理論的に導き出せるものも多く存在します。しかし、中には眉唾物のヨガもありますので注意してください。

Ⅴ．予測技法

　ここからは、インド占星術で使われる予測技法を解説します。とはいえ初心者段階で、ここに書かれた技法のすべてを理解するのは無理ですので、簡単な解説にとどめました。まず、本来はこのようにリーディングをするのだということを知っておいてください。

　また、これまで説明したハウス、サイン、惑星、コンビネーションの部分だけでも、ラーシチャート（ネイタルチャート）に関して多くのことが読めます。具体的な読み解き手順は、P106からの実践編を参考にしてください。

チャートを読み解く3つの手順
1　3つのチャートを読み解くことが基本

　インド占星術では、以下3つのチャートを読み解くことがまず基本です。

▦ ラーシチャート（ネイタルチャート）を読む

　まずラーシチャートにより、生まれた年、月、日、時刻、および出生地を基準にして惑星がどの位置にあるかを割り出します。

ラーシチャートの星座、ハウス、惑星を使って本人を取り巻く人生全般について読んでいきます。見ていくポイントは、惑星の位置（在住ハウス、支配ハウス、特定のサインの度数など）、惑星間のコンビネーション（コンジャンクション、アスペクト、星座交換など）、主なヨガ（ラージャ・ヨガ、ダーナ・ヨガ、ガージャケサリ・ヨガ、ケマドルマ・ヨガなど）がどうなっているかを掴むことです。これに加えて惑星が各サインのどの位置にあるかも見ていきます。

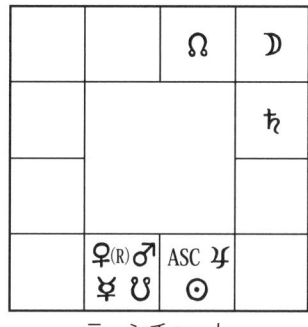

ラーシチャート

ナヴァムシャチャート（第9分割図）を読む

　インド占星術ではラーシチャート以外に数種類の分割図を必要に応じて用います。まずラーシチャートで全体運、総合運を掴んでから人生のテーマ毎に個別に見ていきます。第3分割図は兄弟、第4分割図は財産、第9分割図は結婚、第10分割図は仕事を見ることができます。

　中でも特に重要な分割図が、第9分割図であるナヴァムシャチャートです。その人自身の本質、配偶者や結婚、晩年運について

詳しく見ることができます。見方はラーシチャートと同じです。しかし、最も重視するのはラーシチャートであり、ラーシチャートの示す傾向を無視して分割図だけで判断することはできません。

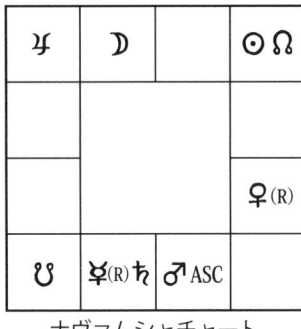

♃	☽		☉ ♌
			♀(R)
☋	☿(R) ♄	♂ ASC	

ナヴァムシャチャート

⊞ ヴィムショッタリ・ダシャーを読む

最後に、ラーシチャート、ナヴァムシャチャートで読み込んだ人生全般の傾向（家族、才能、仕事、恋愛・結婚、健康など）が、人生のどの時期に現象化するかをダシャー（運命サイクル）により見ていきます。ダシャーは数十種類以上ありますが、最も強く作用しているものがヴィムショッタリ・ダシャーです。ヴィムショッタリ・ダシャーの見方については、次のページから説明します。

☿ーQ	Sat	04-21-1984
☿ー☉	Fri	02-20-1987
☿ー☽	Sun	12-27-1987
☿ー♂	Sat	05-27-1989
☿ー☊	Fri	05-25-1990
☿ー♃	Fri	12-11-1992
☿ー♄	Sun	03-19-1995
☋ー☋	Wed	11-26-1997
☋ーQ	Fri	04-24-1998
☋ー☉	Thu	06-24-1999
☋ー☽	Sat	10-30-1999

ヴィムショッタリ・ダシャー

2 ヴィムショッタリ・ダシャーの見方
中長期的な運勢の動向を見る

　インド占星術は的中度の高い占いですが、その中でも驚異的な結果を示すのがダシャーという運命サイクルです。西洋占星術にはその時の運気を示すプログレス、トランジットはあるものの、中長期的な運の動きを見るダシャーの概念はありません。ダシャーは的中度の高い予測技法ですが、入門編で扱うには難しい技法です。ですから、本書では、ダシャーに関しては概略紹介にとどめておきます。本書では、的中率の高い「トランジット法」の紹介とその実践的使い方を主に説明していきます。

◆解説編

　ダシャーとは惑星や星座に期間を割り当てる周期技法で、インド占星術において重要な未来予測技法となります。この中でも特に月のナクシャトラ（月の星宿）の周期技法であるヴィムショタリ・ダシャーが最もよく用いられます。ホロスコープに示されている特徴は、性格的傾向や身体的特徴など人生全般にわたって示されるものもあれば、仕事の成功や結婚、病気など特定の時期にあらわれるものも含まれています。ヴィムショタリ・ダシャーは、その特定のイベントがどの期間に発現しやすいのかを絞り込む上で、重要な役割を果たしています。

　ヴィムショッタリ・ダシャーはナクシャトラを元に計算され、各人の生まれつきの月のサインと度数の位置によって計算をします。私の鑑定経験からいっても、実際にダシャーの切り替え時の前後に起こる環境変化は驚くべきものがあります。多くの転職、大病、結婚、離婚、転居、成功など人生の大きな変化はダシャーの分岐点の時に起こっています。MD（マハーダシャー）はその時はあまりぴんときませんが、数年ベースで考えるとよくその時期の傾向を示しています。MDを細分化したAD（アンタラダシャー）は1〜2年単位の年月での具体的な出来事を示します。

　ダシャー期の吉凶はその時のマハーダシャーに当たる惑星の吉凶でほぼ決まります。その吉凶を判断するためには惑星の支配、在住、高揚、減衰などの惑星の位置と、アスペクト、コンジャンクション、ヨガなどの基本的な原則をよく知る必要があります。ある天体の機能的吉凶が的確に判断できれば、各ダシャー期の吉凶判断ができます。これができればインド占星術の高い精度や切れ味はいかんなく発揮されます。しかし、ダシャーのリーディングはある程度、インド占星術に慣れていないと吉凶の的確な判断は難しいと思います。

★ヴィムショッタリ・ダシャーの期間

　ヴィムショッタリ・ダシャーは、9つの惑星に6年から20年の期間を与え、合計120年で1回りする周期技法です。さらにそれぞれの惑星が受け持つ期間は細分化され、まずその期間は際限なく短くすることができます。MDからADへの細分化は下表のように比例配分で行います。

マハーダシャー (MD)	期間
太陽	6年
月	10年
火星	7年
ラーフ	18年
木星	16年
土星	19年
水星	17年
ケートゥ	7年
金星	20年
計	120年

アンタラダシャー (AD)	期間
太陽ー太陽	3ヵ月19日
太陽ー月	5ヵ月30日
太陽ー火星	4ヵ月7日
太陽ーラーフ	10ヵ月25日
太陽ー木星	9ヵ月16日
太陽ー土星	11ヵ月12日
太陽ー水星	10ヵ月8日
太陽ーケートゥ	4ヵ月7日
太陽ー金星	1年
計	6年

★各ダシャー期に起こる良いこと、悪いこと

　各ダシャー期には、惑星が機能的吉星か機能的凶星かにより吉凶判断をし、次ページのように良く出る場合と悪く出る場合があります。惑星の機能的吉凶は、生来的吉凶とは異なる概念です。

ダシャー	良い場合	悪い場合
太陽期	健康に恵まれる、社会的地位を得る、新しい生活を送る	富の損失、支配者からの不利益、地位の喪失、父親を失う、海外居住
月期	有名になる、家庭的幸運に恵まれる、事業の成功、トップからの引き立て、地位の向上	富の損失、心身の苦痛、母親関係の悩み、支配者の反対
火星期	地位の向上、土地からの収益、富の獲得、トップからの利益、車の獲得、外国の土地の獲得	面目を失う、反対者による支配、病気、事故
ラーフ期	多様な楽しみ、繁栄、宗教的傾向、外国での栄光	解任、精神的苦痛、肉体的苦痛、妻子を失う、富を損失
木星期	地位の向上、楽しみ、王からの恩恵、車の取得、妻からの慰め、詠唱やマントラの研究	解任、精神的苦痛、家畜の損失、巡礼
土星期	支配者からの恩恵、宗教的探求、学習と富、地位の向上、肉体的楽しみ	解任、恐怖、両親の損失、妻子の病気、不吉な出来事、投獄
水星期	大きな慰め、富と繁栄、名声、知識の獲得、有徳の行為、健康、商売上の利益を得る	目上の人からの怒り、精神的苦痛、親戚からの反対、富や喜びの損失、財産の損失
ケートゥ期	贅沢品の獲得、組織のリーダー、外国旅行、楽しみの実現	投獄、愛する人の死、解任、精神的苦痛、病気、低レベルの人との交際
金星期	高い地位、乗り物、豪華な衣装、装飾住宅、繁栄、結婚、支配者からの寵愛	親しい人からの裏切り・別れ、女性関係でのトラブル、専門的地位の損失

3 トランジット法
強力な現象化の力を検討する

▦ トランジットとは

　出生図が生まれた瞬間の惑星位置を示したものであるのに対して、**トランジットとは進行中の惑星のことを指します**。古典では出生図の月を1ハウスとして、惑星が何ハウスを通過しているかというのを重要視していますが、実占家はラグナから何ハウスを通過しているか、どのハウスにアスペクトしているか、どの惑星に影響を与えているかなど総合的に判断しています。また、ダシャーの示す運気の動きを本来考慮して判断する必要があります。ダシャーの示す傾向とトランジットの判断が一致する場合、それが示す事象がより強力に現象化します。

　トランジットを見る場合、中長期の影響を予測する場合は、火星・木星・土星・ラーフ・ケートゥなど公転速度の遅い惑星、1ヶ月から数ヶ月程度の予測は太陽・水星・金星、数日から数週間は月を中心に検討します。

▦ トランジットとハウス

　まず、ラーシチャートの月またはアセンダントに対して、トランジットがどこに位置しているかを見ていきます。各惑星のトランジットがラーシチャートの月またはアセンダントから数えて何ハウス目に当たるかで、様々な象意が生じます。

惑星	良い影響が生じるハウス	悪い影響が生じるハウス
太陽	3, 6, 10, 11	1, 2, 4, 5, 7, 8, 9, 12
月	1, 3, 6, 7, 10, 11	2, 4, 5, 8, 9, 12
火星	3, 6, 11	1, 2, 4, 5, 7, 8, 9, 10, 12
水星	2, 4, 6, 8, 10, 11	1, 3, 5, 7, 9, 12
木星	2, 5, 7, 9, 11	1, 3, 4, 6, 8, 10, 12
金星	1, 2, 3, 4, 5, 8, 9, 11, 12	6, 7, 10
土星	3, 6, 11	1, 2, 4, 5, 7, 8, 9, 10, 12
ラーフ/ケートゥ	3, 6, 11	1, 2, 4, 5, 7, 8, 9, 10, 12

　見方を説明します。太陽を例に挙げると、「太陽が、月またはラグナから見て3ハウスをトランジットする時、他ハウスからの妨害（凶星からのアスペクトなど）がない限り、良い影響が生じる」と読みます。また、各惑星が月またはラグナから見て特定のハウスを通過する時の現象については、巻末資料の「トランジットとハウス」を参考にしてください。

木星・土星のダブルトランジット法

　動きの遅い惑星である木星、土星のトランジットは運気の動きに大きな影響を与えます。木星は1つの星座をトランジットするのに約1年かかります。土星は約2年半かかります。その木星と土星がともに特定のハウスにアスペクトをする時、そのハウスの事象が現象化します。木星・土星のダブルトランジット法は見方が簡単な割には、よく当たる予測技法の一つです。木星と土星が同時に同じハウスにアスペクトする時、そのハウスの象意が強く現象化します。

例えば、7ハウスなら結婚、10ハウスなら仕事上の成功などが現象化します。8ハウスなら突然の遺産が転がり込むか何かの災難が起こる可能性があります。

　木星は拡大、発展、膨張、成長、新しい機会という象意があります。一方、土星は、破壊、制限、制約、障害、困難といった象意があります。木星はややもすると理想に走る傾向がありますが、土星の良い影響により拡大発展のエネルギーを現実的な方向に集中することができます。土星は制限、障害をもたらしますが、木星の良い影響によって緩和され、むしろ堅実で安定した力として働きます。このように木星と土星の良い影響力が相乗効果をもたらし、物事の達成、実現に向けて大きく働きかける力を持つようになります。

　木星と土星のダブルトランジット法で1つ注意することは、正確にはヨガとダシャーの働きも一緒に見ていかなければならないことです。しかしながら、トランジットだけを見てもそれなりの作用はありますので、初心者段階ではそれで判断していってもよいと思います。より高度な見方は、インド占星術の知識量と技法を使いこなす力ができてから、考慮に入れればよいでしょう。

　それでは、木星、土星がどのように片側アスペクトするのかを、P72を見て、もう一度思い出してみましょう。それに従って、ダブルトランジットする時期を見ていってください。巻末に紹介したフリーソフトで、自分が知りたい年月日時間を入力すれば、巻末資料の「木星・土星のトランジット表」を見てトランジットの位置を掴むことができます。

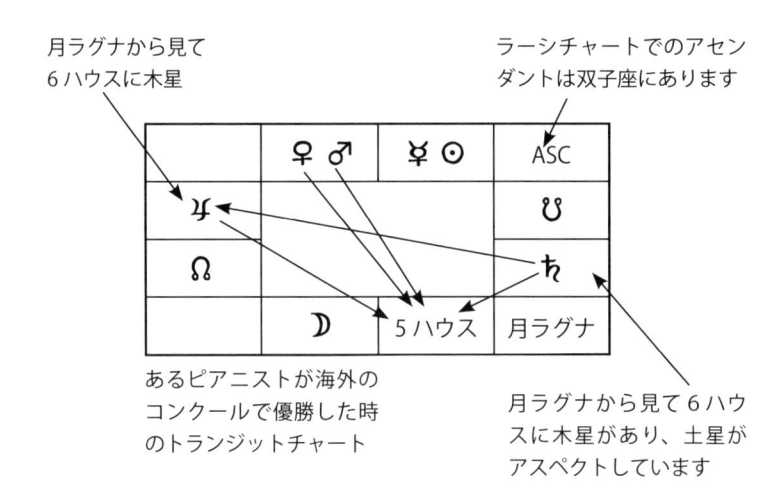

```
                月ラグナから見て                    ラーシチャートでのアセン
                6ハウスに木星                      ダントは双子座にあります

        ┌─────┬─────┬─────┬─────┐
        │     │ ♀ ♂ │ ☿ ☉ │ ASC │
        ├─────┼─────┴─────┼─────┤
        │ ♃ ←─│           │ ☋   │
        ├─────┤           ├─────┤
        │ ☊   │           │ ♄   │
        ├─────┼─────┬─────┼─────┤
        │     │ ☽   │5ハウス│月ラグナ│
        └─────┴─────┴─────┴─────┘

    あるピアニストが海外の                月ラグナから見て6ハウ
    コンクールで優勝した時                スに木星があり、土星が
    のトランジットチャート                アスペクトしています
```

　これはあるピアニストが海外のコンクールで優勝した時のトランジットチャートの配置です。

　このピアニストのアセンダントは双子座にあります。従って、天秤座が5ハウスになります。5ハウスにはイベント、創造性、表現などの象意があります。音楽コンクールなどで力を発揮しやすい時期となります。この天秤座5ハウスに、土星から3番目、木星から9番目のアスペクトがあり、ダブルトランジットの状態になっています。それだけでなく、火星トランジットも対向アスペクトを5ハウスにしています。芸術をあらわす金星トランジットは金星支配の天秤座にアスペクトをしています（このようにアスペクトした先がその惑星の支配星座である場合、アスペクトを受けたハウスは良い方に強まります）。つまり、5ハウスにアスペクトが集中する形になっていて、この時、本人の芸術的才能が最高限度に発揮しやすい時機になっています。華やかな時機でもあります。

　また、月ラグナは乙女座にありますが、月ラグナから数えた6ハウスに木星トランジットがあり、そこに月ラグナから数えて12ハ

ウスにある土星トランジットが土星支配の水瓶座にアスペクトしています。6ハウスは競争、試験、選挙などの象意があり、コンクールのような競争の場面では強さを発揮することになります。12ハウスには海外の象意があり、海外のコンテストで栄誉を受けることになります。月から見ると太陽は7ハウスに在住し、この音楽家はこれを契機にデビューをはかることができます。

　もう1つ事例を挙げましょう。J・F・ケネディ米国大統領が暗殺された時のトランジットチャートです。ケネディの誕生日は1917年5月29日15時マサチューセッツ州生まれです。まず彼のラーシチャートを見てみましょう。
　12ハウス支配の太陽が9ハウスに在住して木星とコンジャンクションしています。スーリアグル・ヨガを作ります。太陽が良いことは政治家として大切な条件です。また、11ハウス在住の土星が自分の支配ハウスである5ハウスにアスペクトしています。ケネディは幸運のトリコーナ・ハウスである5ハウス、9ハウスを良くしているチャートです。ケネディが暗殺されたのは、1963年11月22日12時30分（米中西部時間）テキサス州ダラスにおいて起こりました。まず、この時のケネディのマハーダシャーは木星期に当たります。木星から見た7ハウスに暴力の火星があります。次にトランジットチャートとラーシチャートを比較してみましょう。木星トランジットは7ハウス魚座に、土星トランジットは5ハウス山羊座に、火星トランジットは3ハウス蠍座に、ラーフトランジットは10ハウス双子座にあります。土星トランジットとラーフトランジットは死のハウスである2ハウスのマラカ・ハウスにアスペクトしています。木星トランジットは同じくマラカ・ハウスである7ハ

◆解説編

ウスに在住し、土星トランジットはその7ハウスにアスペクトします。ここで木星と土星のダブルトランジットが成立します。

さらに、暴力をあらわす火星トランジットがまず7番目のアスペクトを太陽にしています。太陽には頭という象意があります。それから、火星は8番目のアスペクトをラーシチャートの10ハウスにかけています。10ハウスは社会的地位をあらわします。火星の8番目のアスペクトは不吉なアスペクトです。志半ばにして凶弾を頭に受けて倒れたことが、はっきりと出ています。

ケネディのラーシチャート

ケネディ暗殺時のトランジットチャート

巻末資料の「木星・土星のトランジット表」を参照すれば、各人の木星、土星がどこに位置し、読者の皆さんが現在どの惑星が何ハウスにアスペクトしているか確認できます。

ダブルトランジットで現象化する事象は巻末資料「ダブルトランジットで現象化する事象」を参考にしてください。

ダシャーとトランジットの関係

④ 中長期な運気と
瞬間的な運気の組み合わせ

　ここでダシャーとトランジットの関係について解説しましょう。ダシャーは中長期的な運気を示し、トランジットは短期的、瞬間風速的な運気を示します。ダシャーとトランジットの運気が矛盾し場合は、ダシャーの運気の方が優先します。

　次ページは、今メジャーリーグで大活躍しているイチロー選手のチャートです。

　彼は2000年の年、大活躍をしました。この時のマハーダシャーは月期です。アセンダントから見て月は9ハウス支配で10ハウス在住という大変良い時期に当たります。いよいよ3冠王かと期待した方もいたでしょう。

　しかし、この年の8月にイチロー選手は不運にもデッドボールを受けて1ケ月あまり休養を余儀なくされました。この時のトランジットチャートを見ると、10ハウスは火星減衰、ラーフ在住、ケートゥと土星のアスペクトと凶星がアスペクト集中しています。金星も減衰の位置にあります。しかしダシャーは良いので、3冠王ではなかったものの全体として良い年であったことは間違いありません。

◆解説編

	♂(R)		☊ ♄(R)
♃			☽
☋	ASC ♀	☉ ☿	

イチローのラーシチャート

Mo — ☽	Sat	11-14-1998
Mo — ♂	Tue	09-14-1999
Mo — ☋	Fri	04-14-2000
Mo — ♃	Sun	10-14-2001
Mo — ♄	Thu	02-13-2003

イチローの2000年のヴィムショッタリ・ダシャー

	♄ ♃		
			☊ ☽ ♂
☋			☉ ☿
		ASC	♀

2000年8月27日のトランジットチャート
＜デッドボールで負傷した時＞

104

実践編

ホロスコープを読んでみよう

Ⅵ. ホロスコープ分析

1 読み解き手順

まずは基本的手順をおさえよう

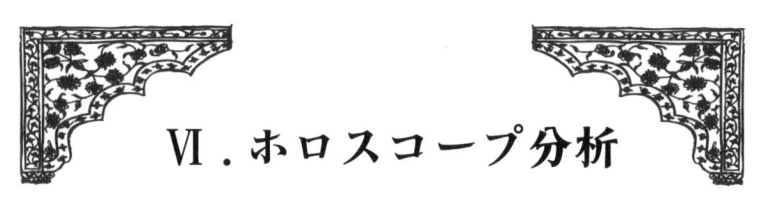

◆読み解き手順

静態的分析（生まれながらの先天的傾向を見る）

手順0	事前確認・読み解きの準備
手順1	全体像を見る
手順2	惑星の在住ハウスを見る
手順3	惑星の支配ハウスを見る
手順4	惑星間のコンビネーションを見る
手順5	主要なヨガが成り立つかを見る
手順6	手順1～5を総合的に判断して惑星の吉凶を決める
手順7	吉凶混合の場合の象意を判断する

◆発展編

動態的分析（先天的傾向がいつ現象化するのかを見る）

手順8	ヴィムショッタリ・ダシャーの状態を見る
手順9	トランジットの状態を見る

◆**読み解き手順の解説**

静態的分析（生まれながらの先天的傾向を見る）

| 手順0 | 事前確認・読み解きの準備 |

① 緯度、経度、出生地にミスがないか確認する
② 星座の定位置をホロスコープの各ハウスに書き込む
（巻末資料 P146「星座の定位置」参照）
③ 支配する惑星をホロスコープの各ハウスに書き込む
（巻末資料 P146「支配星」参照）
④ ハウスの番号をホロスコープの各ハウスに書き込む
（アセンダント（ASC、AS）を1ハウスにして、時計回りに振る）

| 手順1 | 全体像を見る |

① 2区分・3要素・4元素の惑星の偏りを確認する
（巻末資料 P146「2区分」「3要素」「4元素」参照）

| 手順2 | 惑星の在住ハウスを見る ＜チェックシート記入＞ | **重要**

① 各惑星の在住するハウスを確認する
② 各ハウスの分類
（トリコーナ、ケンドラ、ウパチャヤ、ドゥシュタナ、マラカ、中立）を確認する（巻末資料 P146「ハウスの分類」参照）
③ ハウスによる惑星の機能的吉凶を確認する
④ 品位（高揚、減衰、ムーラトリコーナ、定位置）を確認する
（巻末資料 P147「高揚の配置」「減衰の配置」「ムーラトリコーナの配置」、P146「支配星」参照）

手順3　惑星の支配ハウスを見る ＜チェックシート記入＞ 【重要】

① 各惑星の支配するハウスを確認する
② 各ハウスの分類（トリコーナ、ケンドラ、ウパチャヤ、ドゥシュタナ、マラカ、中立）を確認する（巻末資料P146「ハウスの分類」参照）
③ ハウスによる惑星の機能的吉凶を確認する

手順4　惑星間のコンビネーションを見る ＜チェックシート記入＞

① 星座交換、コンジャンクション、アスペクト（対向ハウスへのアスペクト、特別アスペクト、相互アスペクト）、在住があるか確認する（P68～「コンビネーション」参照）
② それがその惑星にどのような影響を与えているか確認する

手順5　主要なヨガが成り立つかを見る ＜チェックシート記入＞

① 主要なヨガ（ラージャ・ヨガ、ダーナ・ヨガ、チャンドラマンガラ・ヨガ、ガージャケサリ・ヨガ、グルマンガラ・ヨガ、スーリアグル・ヨガ、ケマドルマ・ヨガ、カルパドルマ・ヨガ、パーパカルタリ・ヨガ）などの有無を確認する（P80～「ヨガ」参照）

手順6　上記を総合的に判断して惑星の吉凶を決める ＜チェックシート記入＞

① ハウスの支配を中心として機能的吉星か凶星かを決定する
（支配と在住では、原則的には支配の方を優先して判断します）
② 機能的吉星のダシャー期は良いことが起こるよう働き、機能的凶星のダシャー期は悪いことが起こるよう働く（P93～「ヴィムショッタリ・ダシャーの見方」参照）

| 手順7 | 吉凶混合の場合の象意を判断する <チェックシート記入> |

① チェックシートの項目にある、惑星の支配・惑星の在住・惑星の品位の３つを中心に判断する
② コンビネーション、ヨガに特徴があれば、加味して判断する

> 機能的吉凶の判断が分からない場合、巻末資料 P145「惑星の機能的吉凶の判断一覧表」を参考に判断してみましょう。この表はあくまで目安であり、必ずしもこの限りではありません。しかし、初心者が機能的吉凶を判断する際の参考にはなるでしょう。

　この先の発展編のリーディングは、初心者段階ですべて理解するのは難しいでしょう。よって本書では、簡単な解説にとどめました。
　初心者の方はまず、これまでの手順1から手順7までのステップを繰り返し読んでマスターしましょう。解説編で説明した、ハウス、サイン、惑星、コンビネーションの基礎を理解できていれば、ラーシチャートだけでも多くのことが読み解けることが分かるはずです。

◆発展編
動態的分析（先天的傾向がいつ現象化するのかを見る）

| 手順8 | ヴィムショッタリ・ダシャーの状態を見る |

① 現在はどのダシャー期か、それは機能的吉星か凶星か
② MD（マハーダシャー）をラグナとして見るとハウスの在住、支配はどう変化するか
③ MDとAD（アンタラダシャー）のハウスの関係はどうか
④ いつダシャーは変化するか

手順9　トランジットの状態を見る

① どのサイン、ハウスを通過しているか
② その時の高揚減衰の状態はどうか
③ どのサインやハウスにアスペクトが集中しているか

これを巻末のチェックシートでまとめるとわかりやすくなりますので、ホロスコープを読む時に利用してください。

2　有名人ホロスコープの読み解き
実際の読み解き実例に触れよう

以下に有名人ホロスコープについてラーシチャートを中心に、その一部についての分析結果を紹介します。

> オードリー・ヘップバーン
> （女優）

オードリー・ヘップバーンは華奢で日本人に親しみやすい風貌といわれています。そのファッションも憧れの的となりました。『ローマの休日』のアン王女役、『麗しのサブリナ』のサブリナ役などで一躍有名となりました。死後に至る現在までも、その人気と名声は衰えず、いまだに写真展などのイベントが開催されるほどです。女優引退後もユニセフ親善大使に就任し、インドやソマリアなど世界

各地でマザー・テレサのように貧しい人のための活動も行いました。彼女は外見だけでなく内面も美人であるといえるでしょう。それではそんな彼女のホロスコープを、読み解き手順に従って読んでみましょう。

＜オードリー・ヘップバーンのチャート＞

Rashi Chart（ラーシチャート）

VeR 29:57	Su 20:16 Ju 27:54 Ra 28:27	Me 07:29	
As 05:45 Mo 13:35			Ma 02:18
SaR 07:09		Ke 28:27	

Planetary Info（惑星情報）

```
As   05:45  Aq
Su   20:16  Ar
Mo   13:35  Aq
Ma   02:18  Cn
Me   07:29  Ta
Ju   27:54  Ar
VeR  29:57  Pi
SaR  07:09  Sg
Ra   28:27  Ar
Ke   28:27  Li
```

Navamsa Chart（ナヴァムシャチャート）

Me VeR			SaR Ke
Mo			Ma
Ju Ra	As	Su	

Vimshottari Dasha（ヴィムショッタリ・ダシャー）

```
Ra/Me  May 4,1929
Ra/Ke  Jul 3,1930
Ra/Ve  Jul 21,1931
Ra/Su  Jul 21,1934
Ra/Mo  Jun 15,1935
Ra/Ma  Dec 14,1936
Ju/Ju  Jan 1,1938
Ju/Sa  Feb 19,1940
Ju/Me  Sep 2,1942
Ju/Ke  Dec 7,1944
Ju/Ve  Nov 13,1945
Ju/Su  Jul 14,1948
Ju/Mo  May 3,1949
Ju/Ma  Sep 2,1950
Ju/Ra  Aug 8,1951
Sa/Sa  Jan 1,1954
Sa/Me  Jan 4,1957
Sa/Ke  Sep 14,1959
Sa/Ve  Oct 23,1960
Sa/Su  Dec 23,1963
Sa/Mo  Dec 4,1964
Sa/Ma  Jul 6,1966
Sa/Ra  Aug 15,1967
Sa/Ju  Jun 21,1970
Me/Me  Jan 1,1973
Me/Ke  May 30,1975
Me/Ve  May 27,1976
Me/Su  Mar 28,1979
Me/Mo  Feb 1,1980
Me/Ma  Jul 2,1981
Me/Ra  Jun 30,1982
Me/Ju  Jan 16,1985
Me/Sa  Apr 24,1987
Ke/Ke  Jan 1,1990
Ke/Ve  May 30,1990
Ke/Su  Jul 30,1991
Ke/Mo  Dec 5,1991
Ke/Ma  Jul 5,1992
Ke/Ra  Dec 1,1992
Ke/Ju  Dec 20,1993
Ke/Sa  Nov 26,1994
Ke/Me  Jan 5,1996
Ve/Ve  Jan 1,1997
Ve/Su  May 2,2000
Ve/Mo  May 3,2001
Ve/Ma  Jan 1,2003
Ve/Ra  Mar 2,2004
Ve/Ju  Mar 3,2007
Ve/Sa  Nov 1,2009
Ve/Me  Jan 1,2013
Ve/Ke  Nov 2,2015
Su/Su  Jan 1,2017
Su/Mo  Apr 20,2017
Su/Ma  Oct 20,2017
Su/Ra  Feb 25,2018
Su/Ju  Jan 20,2019
Su/Sa  Nov 8,2019
Su/Me  Oct 20,2020
```

静態的分析（生まれながらの先天的傾向を見る）

| 手順0 | 事前確認・読み解きの準備 |

オードリー・ヘップバーンの生年月日・時間・生誕地は、種々のデータによりかなり正確に分かっています。

| 手順1 | 全体像を見る |

細かい点を捉える前に、まず大枠の特徴を見ます。在住する星座の偏りを確認すると、火のサイン、活動星座が優勢です。つまり、大変行動力のある女性といえるでしょう。

| 手順2 | 惑星の在住ハウスを見る ＜チェックシート記入＞ |

惑星の在住ハウスを見ると、以下のようになります。

＜チェックシート1＞

惑星	在住星座	在住ハウス 番号	在住ハウス 分類	品位
太陽 ☉	牡羊座 ♈	3	ウパチャヤ	高揚
月 ☽	水瓶座 ♒	1	トリコーナ・ケンドラ	中立
火星 ♂	蟹座 ♋	6	ウパチャヤ・ドゥシュタナ	減衰
水星 ☿	牡牛座 ♉	4	ケンドラ	友好
木星 ♃	牡羊座 ♈	3	ウパチャヤ	友好
金星 ♀	魚座 ♓	2	中立・マラカ	高揚
土星 ♄	射手座 ♐	11	ウパチャヤ	中立
ラーフ ☊	牡羊座 ♈	3	ウパチャヤ	―
ケートゥ ☋	天秤座 ♎	9	トリコーナ	―

特徴的なのが生来的凶星です。生来的凶星の太陽、火星、土星、ラーフの4惑星が、いずれもウパチャヤ・ハウスに在住しています。このハウスは、最初は苦難をもたらしたものが努力によって改善されていくハウスですから、困難に耐え抜いていける性質と運命を持ちます。

手順3　惑星の支配ハウスを見る <チェックシート記入>

惑星の支配ハウスを見ると、以下のようになります。

<チェックシート2>

惑星	支配星座	支配ハウス	
		番号	分類
太陽 ☉	獅子座 ♌	7	ケンドラ・マラカ
月 ☽	蟹座 ♋	6	ウパチャヤ・ドゥシュタナ
火星 ♂	牡羊座 ♈ 蠍座 ♏	3 10	ウパチャヤ ケンドラ、ウパチャヤ
水星 ☿	双子座 ♊ 乙女座 ♍	5 8	トリコーナ 中立
木星 ♃	射手座 ♐ 魚座 ♓	11 2	ウパチャヤ 中立・マラカ
金星 ♀	牡牛座 ♉ 天秤座 ♎	4 9	ケンドラ トリコーナ
土星 ♄	山羊座 ♑ 水瓶座 ♒	12 1	中立 トリコーナ
ラーフ ☊	―	―	―
ケートゥ ☋	―	―	―

ケンドラ・ハウスは支配する惑星の吉凶を中立化します。そのため、生来的吉星がケンドラを支配すると良くない、生来的凶星がケ

ンドラを支配すると悪くないということになります。またトリコーナ・ハウスの場合は、いずれの惑星も吉星となります。従って、ケンドラ・ハウスを支配する太陽は悪くないし、トリコーナ・ハウスを支配する土星、水星、金星も良い作用をしています。

手順4　惑星間のコンビネーションを見る＜チェックシート記入＞

　コンビネーション（星座交換、コンジャンクション、アスペクトなど）を見ていきます。
- 星座交換はありません。
- 太陽と木星はコンジャンクションします。
- 木星とラーフはコンジャンクションした上、度数の開き（オーブ）が狭いです。
- 太陽、木星はケートゥと対向アスペクトを組みます。
- 火星はケートゥ在住の9ハウスに4番目の片側アスペクト、1ハウスの月に8番目の片側アスペクトをしています。

　コンジャンクションしている太陽と木星はお互いに影響を与えあい、太陽の権威と木星の倫理性を与えます。木星とラーフはコンジャンクションした上に度数の開きも狭いので、お互いに影響を与えあいます。飽くなき物質的欲望をあらわす凶星のラーフは、木星に悪い影響を与え、木星の徳を失わせます。一方吉星の木星は、ラーフに良い影響を与え、ラーフの過激さを中和します。片側アスペクトをしている火星は医療活動や禁欲をあらわすケートゥに肉体的な悪影響をもたらし、月にも健康上の悪影響をもたらします。

手順5　主要なヨガが成り立つかを見る ＜チェックシート記入＞

- 木星は単独で2ハウス、11ハウス支配なので、財運を示すダーナ・ヨガができます。
- 金星は単独で4ハウス、9ハウス支配のラージャ・ヨガカラカとなります。
- 太陽と木星でスーリアグル・ヨガができ、威厳や高貴な生き方で、名声を得ます。

手順6　上記を総合的に判断して惑星の吉凶を決める ＜チェックシート記入＞

　惑星は生来的にも機能的にも吉意が強いと、そのダシャー期は社会的発展ができます。逆に凶意が強いと、そのダシャー期は不運に見舞われます。更に、ラーシチャートに加えて、月や分割図も見ていきます。

- アセンダントと同じハウスに月が在住しているので、気力も先天運も強力です。
- ナヴァムシャチャートを見ても、金星は魚座で高揚していますので、芸術的名声に輝きます。金星はヴァルゴッタマでもあります。

※**ラーシチャートとナヴァムシャチャートで同じ星座に惑星がある場合、「ヴァルゴッタマ」と呼ばれ、高揚に匹敵するほどに惑星の働きが強くなります。**

- 同じく月もヴァルゴッタマです。
- ナヴァムシャチャートでは太陽が減衰して12ハウスにあります。これは父親・夫運の悪さを物語ります。また、晩年は人里離れたところでの奉仕活動に従事することを意味します。

手順7　吉凶混合の場合の象意を判断する ＜チェックシート記入＞

　彼女の場合、金星、月は吉意も凶意もあり吉凶混合になっています。**吉凶混合の場合、足して2で割って中立と考えるのではありません**。他の条件から見て、金星のどの象意が良く出て、どの象意が悪く出るか分けて考えます。

- 金星は2ハウス魚座で高揚するので、2ハウスの象意である顔で、金星の象意である美しさが発揮されます。つまり美人となります。太陽は3ハウスで高揚します。3ハウスは努力と訓練のハウスなので芸術的精進・訓練に励みます。従って、彼女の金星は、美貌と芸術的才能および芸術芸能の職業運に関しては最高の強さを持ちます。しかし、アセンダントや月から見た7ハウス（結婚のハウス）には何の惑星もありません。太陽から見た7ハウスには禁欲のケートゥしかありません。これから見る限り彼女は結婚には恵まれません。残念ながら、金星の象意である結婚は、良い方向に働きません。

- 月は1ハウスにあり、しかもヴァルゴッタマです。ですから先天的運気、人気運は強力です。しかし月は病気に関わる6ハウスを支配し、凶星の火星がアスペクトしているので、健康面では問題が出ます。

　以上をチェックシートにまとめてみました。

<オードリー・ヘップバーンのチェックシート>

惑　星	生来的吉凶	コンビネーション	ヨガ	機能的吉凶
太陽 ☉	生来的凶星	♃・☊とコンジャンクション ☋と対向アスペクト	スーリアグル・ヨガ	機能的吉星
月 ☽	条件次第※	♂より8番目のアスペクト ♄より3番目のアスペクト	ヴァルゴッタマ	機能的凶星
火星 ♂	生来的凶星		ヴァルゴッタマ	機能的吉星
水星 ☿	生来的吉星			機能的吉星
木星 ♃	生来的吉星	☉・☊とコンジャンクション ☋と対向アスペクト	ダーナ・ヨガ スーリアグル・ヨガ	機能的凶星
金星 ♀	生来的吉星		ラージャ・ヨガカラカ	機能的吉星
土星 ♄	生来的凶星			機能的吉星
ラーフ ☊	生来的凶星			機能的凶星
ケートゥ ☋	生来的凶星	☉・♃と対向アスペクト ♂より4番目のアスペクト		機能的凶星

※月の吉凶についてはP49を参照

◆発展編

動態的分析（先天的傾向がいつ現象化するのかを見る）

　ここまで分析したら次はダシャーやトランジットの分析をして、惑星の吉凶がそのダシャー期に具体的にどのように出るのかを見ていきます。

| 手順8 | **ヴィムショッタリ・ダシャーの状態を見る** |

　ここでは彼女の人生の主要イベントにのみ絞って見ていきます。

◆実践編

MD	AD	年代	MDから見たADの支配星および在住ハウス	占星術的意味	起こった出来事	解説
木星	ラーフ	1953年	ケートゥは7ハウス在住	7ハウスはデビューの年に当たる	『ローマの休日』でアカデミー賞を獲得する	7ハウスはデビューの象意を持つ……物事を始める時期となる
土星	ラーフ	1968年11月	ラーフは5ハウスと12ハウスを支配	夫以外の男との恋愛（5ハウス、12ハウス）により離婚	メル・フェラーと離婚	5ハウスは恋愛、12ハウスは隠れた愛情の象意を持つ……夫以外の男性との恋愛
土星	ラーフ	1969年1月	ラーフは5ハウスと12ハウスを支配	夫以外の男との恋愛の末に結婚	アンドレア・マリオドッテと結婚	5ハウスは恋愛、12ハウスは隠れた愛情の象意を持つ……夫以外の男性との恋愛
水星	月	1981年	月は吉星 水星は若い人	結婚運の悪い人だが月期はよい時期である。また、不釣合いな結婚もよい	息子のような男性と同棲、生涯のうちこの人とだけはうまくいく	水星から見ると月は5ハウスを支配し、水星も月も吉星の時期／水星は若い人、5ハウスは恋愛の象意を持つ……若い人との良い恋愛ができる
ケートゥ	ケートゥ	1989年	ダシャーは土星期からケートゥ期へ	ダシャーの切り替えは運命の変わる時	芸能界を引退する	9ハウス在住のケートゥには出家・引退の意味がある……芸能界から去ることになる
ケートゥ	ラーフ	1993年	ラーフは7ハウス在住	7ハウスはマラカ・ハウスで死が絡む。ラーフは悪性腫瘍	結腸癌で死亡	ラーフの健康上の象意は悪性腫瘍、7ハウスはマラカ・ハウスであり寿命に関わる……癌で死亡する

118

| 手順9 | トランジットの状態を見る |

ここでは具体的イベントの記述について省略します。

手順1から手順9の分析から、リーディング内容について具体的に記述していきます。

1ハウスには6ハウス支配の月が在住しています。月は太陽に近く新月に向かっていて、光が弱い状態にあります。火星は月に対して8番目のアスペクトをしています。これは普通は病弱の傾向をあらわしますが、ナヴァムシャチャートでも同じ水瓶座に月があります。ラーシチャートとナヴァムシャチャートで同じ星座に同じ惑星がある場合、ヴァルゴッタマで高揚に匹敵する強さを持ちますので、特に病弱ということはありません。

まず挙げるべき特徴は、2ハウス水のサインの魚座で高揚する金星です。ナヴァムシャチャートでも魚座に金星があり、前述のヴァルゴッタマになりますので、高揚に匹敵する強さを持ちます。彼女の金星は4ハウスと9ハウスを支配するラージャ・ヨガカラカで、大変に強力で良い働きをします。それと同時に金星は魚座29度55分に位置し、かつ逆行しています。一般的に惑星が前の星座の29度から次の星座の1度以内にある時、惑星の力が弱まります。惑星が魚座と牡羊座の間にある時、「ガンダータ」と呼ばれ惑星の働きが特に強く傷付けられます。つまり彼女の金星は強い要素と弱い要素が絡みあっています。こうした場合、ホロスコープ全体を見て、金星のどの要素が強くどの要素が弱いのかを区分していきます。

2ハウスは言葉、スピーチという意味があります。人体部位では顔に当たります。そこに金星が在住すると、洗練された言葉を使う

美貌の持ち主になります。水のサインである魚座では、特にそのことが強調されます。

　次に3ハウスを見ると高揚の太陽があります。3ハウスはウパチャヤ・ハウスなのでここに凶星の太陽が入ることは悪くありません。3ハウスの象意である肉体的訓練とトレーニングに耐えて、成果を挙げることができます。ちなみに彼女はダンスの名手として知られています。ダンスは厳しい肉体的訓練を通じて上達するものですから、3ハウスが良く働いています。木星も3ハウスに在住していて太陽とコンジャンクションし、スーリアグル・ヨガになります。このヨガには高貴、威厳、権威という意味があります。彼女が出演した映画では、『ローマの休日』、『麗しのサブリナ』、『戦争と平和』など、いずれも良家の子女やお嬢様の役柄を演じています。娼婦役とか濡れ場とかいやらしい役柄は一切ありません。そのために損をしたこともあったかもしれませんが、だからこそ今に至るまで名声を保っていられるわけです。彼女のスーリアグル・ヨガはこのように人生の中で働いています。スーリアグル・ヨガを持っている彼女は気品に溢れています。

　このように見ていくと、彼女の金星は、美貌、芸術的才能に関しては最高に良く働いています。しかし、金星のもう一つの象意である恋愛・結婚運となると彼女は弱い運を持っています。アセンダント、月、金星から見た7ハウス（7ハウスは結婚、配偶者の象意）に惑星がありません。太陽から見た7ハウスには禁欲のケートゥがあります。いずれも結婚を示す惑星はありません。彼女は人生で2度結婚していますが、いずれも長続きしませんでした。

　初心者の方には難しいかもしれませんが、少しダシャーについて触れてみましょう。彼女は1953年に『ローマの休日』で主演女優

賞を獲得し、一躍人気女優となります。ダシャーは木星―ラーフ期で、木星から見たケートゥはデビューの7ハウスとなります。ケートゥは天秤座にありその支配星は金星です。金星はラージャ・ヨガカラカで機能的にも吉星として働きます。このような良いダシャー期には、幸運がもたらされます。しかし、土星期に入ってからの結婚はうまくいかず、子育てのために1960年代はあまり映画での活躍はしていません。土星自体が生来的凶星であり、逆行、12ハウス支配と、良くありません。また、凶星の火星から7番目のアスペクトを土星支配の12ハウスが受け、8番目のアスペクトを土星支配の1ハウスを受けており、土星期は運の悪い時期になります。

　彼女のケートゥは宗教性、倫理性、慈善、外国での活動を意味する9ハウスにあります。そこに木星がアスペクトし、慈善の行為、特に医療による慈善行為を行う運命を持つことになります。ダシャーが水星期からケートゥ期に切り替わった1989年、彼女は女優を引退し、ユニセフ親善大使となります。内戦中のスーダンやソマリアに出かけ、子供達に笑顔を届けます。彼女は癌に冒されますが、医師の手術のすすめも振り切って慈善活動を続けます。それが命取りとなり1993年1月に結腸癌で亡くなります。この9ハウスには、病気と奉仕の6ハウスに在住する減衰した火星が4番目のアスペクトをしています。火星は体力と健康を示す1ハウスに8番目のアスペクトをしています。8番目のアスペクトは一般的に強い凶意をあらわします。

> バラク・オバマ
> （第44代アメリカ大統領）

【来歴】

　彼の公開された出生証明書によれば、誕生日は1961年8月4日19時24分ホノルル生まれです。この誕生日を正しいものとします。Wikipediaを参照すると以下のようになります。

　アメリカの政治家で第44代アメリカ合衆国の大統領です。上院議員（1期）、イリノイ州上院議員（1期）を歴任しました。所属政党は民主党で、選挙によって選ばれたアメリカ史上3人目のアフリカ系の血を引く上院議員（イリノイ州選出、2005年-2008年）です。アメリカ合衆国で当選後、任期を約2年残して上院議員を辞任しました。アメリカの大統領としては初のアフリカ系（アフリカ系黒人とヨーロッパ系白人との混血＝ムラート）です。1960年代以降生まれで、ハワイ州出身者であり、2大政党の指名を受けた大統領候補としてもアフリカ系初となりました。現職アメリカ合衆国大統領として、2009年度ノーベル平和賞を受賞しました。

　その他に2006年に、「Dreams From My Father: A Story of Race and Inheritance」で、米グラミー賞の最優秀朗読アルバム賞を受賞しています。

<バラク・オバマのチャート>

Rashi Chart（ラーシチャート）

		Mo 10:02	Ve 08:29
Ke 03:58			Me 09:02 Su 19:15
SaR 02:01 JuR 07:33 As 25:44			Ra 03:58 Ma 29:16

Planetary Info（惑星情報）

As	25:44	Cp
Su	19:15	Cn
Mo	10:02	Ta
Ma	29:16	Le
Me	09:02	Cn
JuR	07:33	Cp
Ve	08:29	Ge
SaR	02:01	Cp
Ra	03:58	Le
Ke	03:58	Aq

Navamsa Chart（ナヴァムシャチャート）

JuR	Mo	Ra	
			As
SaR			
Su Ma Ve		Ke	Me

Vimshottari Dasha（ヴィムショッタリ・ダシャー）

Mo/Mo	Aug 4,1961
Mo/Ma	May 27,1962
Mo/Ra	Dec 26,1962
Mo/Ju	Jun 26,1964
Mo/Sa	Oct 26,1965
Mo/Me	May 28,1967
Mo/Ke	Oct 26,1968
Mo/Ve	May 27,1969
Mo/Su	Jan 26,1971
Ma/Ma	Jul 28,1971
Ma/Ra	Dec 24,1971
Ma/Ju	Jan 10,1973
Ma/Sa	Dec 17,1973
Ma/Me	Jan 26,1975
Ma/Ke	Jan 23,1976
Ma/Ve	Jun 20,1976
Ma/Su	Aug 20,1977
Ma/Mo	Dec 26,1977
Ra/Ra	Jul 27,1978
Ra/Ju	Apr 9,1981
Ra/Sa	Sep 2,1983
Ra/Me	Jul 9,1986
Ra/Ke	Jan 25,1989
Ra/Ve	Feb 13,1990
Ra/Su	Feb 13,1993
Ra/Mo	Jan 7,1994
Ra/Ma	Jul 9,1995
Ju/Ju	Jul 27,1996
Ju/Sa	Sep 14,1998
Ju/Me	Mar 27,2001
Ju/Ke	Jul 3,2003
Ju/Ve	Jun 8,2004
Ju/Su	Feb 7,2007
Ju/Mo	Nov 26,2007
Ju/Ma	Mar 27,2009
Ju/Ra	Mar 3,2010
Sa/Sa	Jul 27,2012
Sa/Me	Jul 31,2015
Sa/Ke	Apr 9,2018
Sa/Ve	May 19,2019
Sa/Su	Jul 18,2022
Sa/Mo	Jun 30,2023
Sa/Ma	Jan 29,2025
Sa/Ra	Mar 9,2026
Sa/Ju	Jan 13,2029
Me/Me	Jul 28,2031
Me/Ke	Dec 23,2033
Me/Ve	Dec 20,2034
Me/Su	Oct 20,2037
Me/Mo	Aug 27,2038
Me/Ma	Jan 26,2040
Me/Ra	Jan 22,2041
Me/Ju	Aug 12,2043
Me/Sa	Nov 17,2045
Ke/Ke	Jul 27,2048
Ke/Ve	Dec 23,2048
Ke/Su	Feb 22,2050
Ke/Mo	Jun 30,2050

【チャート読解】

読み解きのポイント

1. 1ハウスが強力で、1ハウスの象意に関わる**強い先天運**を持ちます
2. 月が高揚して**大衆的人気**を得ることができます
3. 金星は戦いの6ハウス在住ですが、ラージャ・ヨガカラカであり**平和主義者**です

◆1ハウスに良いヨガが多くできるので
　先天運が強くなる

　彼のチャートの特徴はまず、木星と土星の状態にあります。彼の木星はアセンダントとともに1ハウスに在住しています。運気の良い時はとても強くなるチャートです。木星は3、12ハウス支配で減衰、逆行します。ですが、木星は1ハウス山羊座の支配星で定座にある土星とコンジャンクションしています（減衰惑星が、在住する星座の支配星とコンジャンクションやアスペクトをすると「ニーチャバンガ」といって減衰が無効となり、在住ハウスの象意を良い方に強めます）。木星は月から見ても8ハウスを支配して減衰する星座に在住するので、ラージャ・ヨガ的に働く減衰惑星でもあります。土星は1、2ハウス支配のダーナ・ヨガでケンドラ・ハウスに在住し定位置にいるので、土星がその力も最も強力に発揮する「シャシャ・ヨガ」というヨガとなります。土星の持つ良い特徴が最大限に強調されるチャートです。つまり、彼はカリスマ的リーダーシップがとれる人です。2ハウスには言葉という象意があります。かつて民主党候補の基調演説で認められたり、最優秀朗読アルバム賞を受賞したりするだけあって、スピーチの象意を持つ2ハウスがとても良い状態にあります。

　他にも彼が政治家として優れた資質を示すいくつかの特徴がチャートから読み取れます。まず、8ハウス支配の太陽は、ケンドラ・ハウスである7ハウスに在住しています。政治活動の上で協力者に恵まれると同時に、適度な政治的駆け引きのできる人物であることを示します。陰謀に関わる8ハウスにはラーフと火星の2凶星が在住しています。

◆月が高揚しているので
　大衆の間に根強い人気を持つ

　月は5ハウスを支配し高揚の位置にあり、月の象意に関わる人気・大衆性が強まります。ここに幸運を象意に持つ木星が5番目のアスペクトをしている点も見逃せません。これは、彼が大衆の間に根強いしかも長続きする人気を持つことを物語ります。

◆いたずらな争いを好まない姿勢は
　6ハウスの金星のはたらきによる

　6ハウスの金星は、トリコーナ・ハウスである5ハウスとケンドラ・ハウスである10ハウスを支配して強力なラージャ・ヨガカラカを形成しています。彼がイラク戦争には一貫して反対し、核廃絶や軍縮のような平和的・宥和的なアプローチを好むことや、病気や奉仕に関わる公的年金制度の成立に熱心なことと関わりがあります。

　また、困難にめげず事態の打開が図れる強い運気の持ち主でもあります。ナヴァムシャチャートを見ると、木星、水星、土星が定位置にあります。政治家として十分な資質を持つ人です。ホロスコープから見ても、アメリカ初の黒人大統領である彼は、理想主義の政治家として高い資質を持っているのです。

◆木星のダシャー期で
　彼の社会的大活躍が始まる

　彼のヴィムショッタリ・ダシャーを見ていきましょう。ハーバード大学のロースクールを修了後、シカゴに戻り有権者登録活動（Voter Registration Drive）に関わった後、弁護士として法律事務所に勤務。1992年に、シカゴの弁護士事務所で知り合ったミシェル・

ロビンソンと結婚しました。1992 年はラーフ‐金星期に当たります。最も結婚しやすい時期になります。

　人権派弁護士として頭角を現し、貧困層救済の草の根社会活動を通して 1996 年彼が 35 歳の時にイリノイ州議会上院の議員に選出されます。彼の政治家としてのデビューの年で、ちょうどマハーダシャーがラーフから木星に切り替わった時に当たります。木星のダシャー期は社会的に活躍できます。

　木星は減衰していますが減衰が無効化されており、かつ特別のヨガが働き土星も強力です。社会的に大活躍できる時期に当たることは、これまでの彼のキャリアで明らかでしょう。

　彼が政治家として一躍注目されたのは、2004 年のアメリカ大統領選挙です。民主党の上院議員ジョン・ケリーを大統領候補として選出した 2004 年民主党党大会での 2 日目（7 月 27 日）に彼が行った基調演説は注目されました。この時の彼の名演説は、高い評価を受けます。そして、彼が大統領に選ばれた 2008 年 11 月 5 日は、マハーダシャーが減衰、ニーチャバンガの木星期、アンタラダシャーが高揚の月期になります。強力な瞬間です。

　2009 年 10 月にノーベル平和賞受賞が決定します。木星‐火星期です。火星の側にラーフがあり火星とコンジャンクションしています。ラーフには王からの印（勲章）という象意があり、彼の受賞時期と関係があります。

◆**火星と太陽が示す健康と事故への注意
　政治的スキャンダルの可能性もある**

　彼のチャートには少し気になる点があります。それは火星です。オバマの火星は健康面での不安があります。29度15度という度数は「ラーシサンディ」といって火星を大きく傷付ける度数でもあります。攻撃の象意を持つ火星は8ハウス在住で、8ハウスは寿命を示します。

　また、政治生命を示す太陽が8ハウスを支配し、健康に関わるマラカ・ハウスである7ハウス在住であることも気になります。総合すると、政治的事件や事故に注意する必要があるかもしれません。

　インド占星術の示す表示は本人の生き方により回避できる部分がかなりあります。オバマの木星には吉凶両方の要素があります。ですから高徳な行動を行い木星の功徳の側面の方が強く働くよう、日頃からモラルの高い政治行動を心がけることが第一です。それが宗教性、精神性を重んじるインド占星術から見た時、この危険な要素を乗り超える大切なポイントとなります。幸いにしてオバマの場合、ナヴァムシャチャートが良いので最終的には良い結果を得る可能性が高いと思います。

> エドガー・ケイシー
> （心霊治療家）

【来歴】

　エドガー・ケイシーは 20 世紀最大の霊能者です。Wikipedia を参照すると以下のようになります。

　彼の得意とする手法は「リーディング」と呼ばれます。まず、彼は他者による催眠状態において第三者からの質問により、アカシックレコード（アカシャ記録）と呼ばれる宇宙意識から宇宙の知識を引き出します。次に、それに基づいて個人の体を神経、各臓器、体の状態なども見透かしたように話し、病気の治療法などを口述しました。彼のリーディングの記録は 14000 件にもおよび、米国の Association for Research and Enlightenment で利用可能な状態で保管されています。彼の表層意識が答えている訳ではないので、予言者というより、治療者・回答者であるとされ、未来のことは確定している訳ではなく、人の意思にかかっているときっぱり言い切っています。「眠れる予言者」といわれるが、「眠れる心霊診断家」といえるでしょう。近年彼の方法で ALS（筋萎縮性側索硬化症）、リウマチ、MS（多発性硬化症）、エイズ、パーキンソン病、癌など、難病を治癒した人が何人も出てきています。また、彼の方法を利用し、癌などの手当てをしている療法に、ホクシー療法があります。エドガー・ケイシーが生み出したといえる心、身体、魂を治し、健康な身体と精神をこの世に存在させる療法を「ケイシー療法」と呼び、それを応用しているのです。

＜エドガー・ケイシーのチャート＞

Rashi Chart（ラーシチャート）

	Su 06:12	Mo 19:32	
Ra 18:23 Me 19:29 Sa 20:41 Ve 23:31			As 20:13
			Ke 18:23
Ju 09:54 Ma 19:03			

Planetary Info（惑星情報）

```
As  20:13  Cn
Su  06:12  Pi
Mo  19:32  Ar
Ma  19:03  Sg
Me  19:29  Aq
Ju  09:54  Sg
Ve  23:31  Aq
Sa  20:41  Aq
Ra  18:23  Aq
Ke  18:23  Le
```

Navamsa Chart（ナヴァムシャチャート）

Me Ra	Sa	Ve	Ju
			Su
As			Mo Ma Ke

Vimshottari Dasha（ヴィムショッタリ・ダシャー）

Ve/Ra	Mar 18,1877
Ve/Ju	Jan 29,1878
Ve/Sa	Sep 29,1880
Ve/Me	Nov 30,1883
Ve/Ke	Sep 30,1885
Su/Su	Nov 30,1887
Su/Mo	Mar 19,1888
Su/Ma	Sep 17,1888
Su/Ra	Jan 23,1889
Su/Ju	Dec 18,1889
Su/Sa	Oct 6,1890
Su/Me	Sep 18,1891
Su/Ke	Jul 24,1892
Su/Ve	Nov 29,1892
Mo/Mo	Nov 30,1893
Mo/Ma	Sep 30,1894
Mo/Ra	May 1,1895
Mo/Ju	Oct 30,1896
Mo/Sa	Mar 1,1898
Mo/Me	Sep 30,1899
Mo/Ke	Mar 2,1901
Mo/Ve	Oct 1,1901
Mo/Su	Jun 1,1903
Ma/Ma	Dec 1,1903
Ma/Ra	Apr 28,1904
Ma/Ju	May 17,1905
Ma/Sa	Apr 23,1906
Ma/Me	Jun 1,1907
Ma/Ke	May 29,1908
Ma/Ve	Oct 25,1908
Ma/Su	Dec 25,1909
Ma/Mo	May 2,1910
Ra/Ra	Dec 1,1910
Ra/Ju	Aug 13,1913
Ra/Sa	Jan 7,1916
Ra/Me	Nov 12,1918
Ra/Ke	Jun 1,1921
Ra/Ve	Jun 19,1922
Ra/Su	Jun 19,1925
Ra/Mo	May 14,1926
Ra/Ma	Nov 13,1927
Ju/Ju	Nov 30,1928
Ju/Sa	Jan 18,1931
Ju/Me	Aug 1,1933
Ju/Ke	Nov 7,1935
Ju/Ve	Oct 13,1936
Ju/Su	Jun 14,1939
Ju/Mo	Apr 1,1940
Ju/Ma	Aug 1,1941
Ju/Ra	Jul 8,1942
Sa/Sa	Nov 30,1944
Sa/Me	Dec 4,1947
Sa/Ke	Aug 13,1950
Sa/Ve	Sep 22,1951
Sa/Su	Nov 22,1954
Sa/Mo	Nov 4,1955
Sa/Ma	Jun 4,1957
Sa/Ra	Jul 14,1958

【チャート読解】

読み解きのポイント

1. 健康・病気をあらわす６ハウスが良いので、彼の**霊能力は医療面で発揮**されます
2. 惑星が８ハウスに集中し**高い霊能力**を示します
3. 魚座・水瓶座が強く**人道主義的**です

◆**強力なチャンドラマンガラ・ヨガが6ハウスにあり医療面での才能がある**

　健康や病気という象意は普通、6ハウスで見ます。彼の6ハウスを見るとムーラトリコーナの木星に5、10ハウス支配の火星がコンジャンクションして、グルマンガラ・ヨガを形成しています。彼の病気治療法は非常に独創的で、誰かに教わったというものではありません。チャンドラマンガラ・ヨガは自力で運を切り開く特徴を持ちます。つまり6ハウスに関わる、幸運や才能を持つことを物語るものです。彼の運気や才能は奉仕、献身、病気治療の予知能力面で見るべきものがあります。彼はその治療行為においても強いて料金を取ることもなく、ほとんどボランティアに近い形で貢献しています。

◆**品位の高い8ハウスが高い霊能力水瓶座、魚座が理想主義と慈悲をあらわす**

　8ハウスは水瓶座にあり、金星、土星、水星、ラーフと惑星が集中しています。8ハウスの示す霊能力は、彼の場合、どのように使われているでしょうか。まず土星を見るとムーラトリコーナの位置にあります。この場合の水星のように12ハウス支配の惑星が8ハウスまたは6ハウスに在住する場合、ドウシュタナ・ハウスの凶意が消えて社会的発展力を持つようになります。ケイシーはその霊能力を金儲けではなく、あくまで彼自身の精神的満足、道徳的行為に使用しました。水瓶座の特徴である人道的見地、理想主義的救済行為がここで発揮されています。

　宗教性をあらわす9ハウスは魚座に当たり、太陽があります。彼は聖書を読むことが一生を通しての熱心な趣味であったといわれ

点、牧師か医師になって苦しんでいる人々を助けたいという気持ちが強かった点で、魚座と9ハウスの特徴がよく出ているといえます。職業上の牧師や医師ではなかったとはいえ、結果的には高徳、慈善の行い、瞑想による病気治療などによる輝かしい名誉に輝いています。月ラグナで見た時も、木星は9ハウスに在住し慈善の行いをしていたこと、太陽は12ハウスで魚座にあり慈悲を使命としていたことが分かります。

　霊性をあらわすナヴァムシャチャートを見ると、木星と月がガージャケサリ・ヨガを組み、精神世界での永続する名声を獲得することを示しています。実際にケイシーは病気治療に関しては、最近になってもますますその名声は高まり、近代医学にも適用されて成果をあげています。このあたりがケイシーの輝ける側面です。

◆高い霊能力の発揮が
　世俗的成功につながっていない

　彼はそのキャリアにおいて、保険のセールスをしていましたが、咽頭を壊し、会話がままならなくなったため写真家に転向しています。確かに2ハウスを見るとケートゥがあり、会話の不自由さとまではいかないが、口の重さ、無口な点がうかがえます。

　職業と関わる2ハウス、6ハウス、10ハウスを見ると、6ハウスの労働以外のハウスには、特に社会的名声や仕事の面の成功をあらわす特徴は出ていません。月が10ハウスに孤立して存在し、ケマドルマ・ヨガとなっています。彼は実際に、仕事面では鳴かず飛ばずで終わっています。ナヴァムシャチャートでも、水星と土星は減衰していて力はありません。病気治療のリーディングでも、それに対する対価は募金制だったため、生活は苦しかったのです。しか

し、木星が10ハウスの月にアスペクトしているので、木星の功徳が働き、なんとか生活していけるくらいの助けはあったと思われます。

　このように見ていくと、精神世界で評判の高い人であったとしても、すべてにおいて万能な訳ではありません。ケイシーは困っている人々を救済したいという高い志と、きわだって優れた病気治療の霊能力はありました。しかし、社会的予言能力や予知能力を使って金儲けをしたり、上手に世渡りをする運や才能はありませんでした。芸能界で、歌の上手さと人気とがしばしば一致しないのと同じです。ある分野の才能があることとその分野での世俗的な成功とは、別の要素としてホロスコープには示されます。

COLUMN 2

本田宗一郎と藤沢武夫 〜事業家の相性〜

　相性は男女間だけで成り立つものではありません。政治家、経営者、教師と生徒、コーチと選手等々の間でも当然成り立ちます。異質の才能を持つ経営者の良いコンビは、ビジネス成功のための重要な鍵でもあります。

ホンダを成功に導いた本田と藤沢のコンビネーション

　藤沢武夫と本田宗一郎は、共に本田技研工業を世界的な大企業に育て上げたことで知られています。世に「技術の本田、経営の藤沢」と評され、有能な経営者としての藤沢と強い理念やビジョンの構築者である本田が車の両輪となってホンダを成功・発展に導きました。この、本田と藤沢の抜群のコンビネーションは占星術的にも興味のあるところです。なお本田と藤沢とも生まれた時間は不明なので、昼の12時で設定しています。こういう場合、太陽をラグナとして見ていきます。つまり太陽の在住ハウスを1ハウスとして見ていきます。時間が分かっている場合に比べて、7割くらいのことしか分かりませんが、それでもきちんと見ていくとかなりのことが分かります。

優れた技術者としての道を極めた本田宗一郎

　まず、本田宗一郎から見ていきましょう。本田宗一郎はホンダの創業者です。ソニーの井深大などと並んで、戦後日本を代表する技術者、起業家として世界的に知られています。日本の経営者で、アメリカのビジネススクールの教科書に載った数少ない経営者です。

また、経営者としては著作のたいへん多い人で、代表的著作に『やりたいことをやれ』『得手に帆あげて』などがあります。

ASC		JuR
Sa		Ra
Ke		
	Su Mo VeR Me	Ma

本田宗一郎のラーシチャート

　彼のホロスコープを太陽ラグナから見ると、1ハウスに太陽、月、金星逆行、水星が在住しています。太陽は10ハウス支配、月は9ハウス支配となるので、1、9、10ハウスでラージャ・ヨガが成立します。社会的発展の点では、最高の力を発揮するチャートです。
　月は減衰、ケマドルマ・ヨガ、という弱さがあります。しかし、それと同時に、カルパドルマ・ヨガ、太陽とのラージャ・ヨガ、ヴァルゴッタマ（ラーシチャートとナヴァムシャチャートで同じ星座に惑星が在住する）もでき、ある面で強さも持っています。9ハウスと10ハウス支配のラージャ・ヨガ等を考慮に入れると、十分に社会的成功をもたらすパワーを持っているといえるでしょう。しかし、月は減衰しているので、もっぱらマニア相手の商売が良く、大衆を相手にするという意味では弱さがあります。実際に、ホンダの車は大衆的人気を博するというよりマニアに好まれています。インド占

星術でいう、苦手なところを気にするより強いところを伸ばせという教訓の1つの良い事例です。
　蠍座には水星、火星、金星があり、精密な機械、乗り物へ強い執着がうかがえます。また、8ハウス支配の水星と1ハウス支配の火星が星座交換しており、機械やエンジン分野の研究の才能、成功を示します。
　彼は蠍座に惑星が集中していて、「サンニヤシ・ヨガ」が成り立っています。**サンニヤシ・ヨガとは「出家のヨガ」と呼ばれるもので俗世間を離れた生き方を好む傾向のあることを示します。**サンニヤシ・ヨガにはいくつかのパターンがあります。その1つに、特定のハウスにラーフ、ケートゥ以外の惑星が、4つ以上集中するサンニヤシ・ヨガがあります。
　本田宗一郎は実際の経営は藤沢武夫に任せ、自分自身は一技術者的存在でした。エンジンの機能を追求し生活そのものを楽しむ人ではありませんでした。そのような意味で、彼は経営者というより求道者的存在です。引き際の見事さもサンニヤシ・ヨガの出家志向がもたらした産物です。
　彼はもっぱら夢を追いかける人でありますが、1ハウスが強力なので、財政的に破綻することはありませんでした。参考までにダシャムシャチャート（第10分割図）を見てみると、地のエレメントは少なく堅実さという面では欠けている面があります。

主導権を持ちながら裏方に回った藤沢武夫

　次に、藤沢武夫を見ていきます。藤沢は本田の参謀として本田神話のシナリオを書き、本田と共にホンダを世界的な大企業に育て上げました。

　強い経営者（実質的には藤沢）と強い理念・ビジョンの構築者（本田）が同時に両立できていたという点に特色があり、ホンダの成功は本田よりも経営的に主導権をとっていた藤沢の姿勢に負うところの方が大きいといわれています。

	SaR Ra		
ASC Mo			
		Ju Ma Ve Me Su Ke	

藤沢武夫のラーシチャート

　藤沢武夫のラーシチャートを見ると、2つのサンニヤシ・ヨガができています。1つは調和を重んじる天秤座に惑星集中している形で、もう1つは、山羊座に月が在住しそこに火星が4番目のアスペクトをする形でできています。これが藤沢が本田に最後までついていった理由です。天秤座にある木星と火星でタイトなオーブのコンジャンクションとなります。これがナヴァムシャチャートの射手座でも再現されています。藤沢はその性格の深い部分では過激な理想主義者の側面があります。ラーシチャートでは、太陽ラグナか

ら見て土星は7ハウスで減衰をしています。これは裏方に回る傾向を示します。更に太陽も減衰し、自分がボスであるという意識は低い人です。このあたりが本田宗一郎の持つカリスマ性と良く調和をします。なぜなら、1つの組織に、親分は2人もいらないからです。

2人の相性がビジネス成功の鍵

それでは本田宗一郎と藤沢武夫の相性を見ていきましょう。

既述のように本田にも藤沢にもサンニヤシ・ヨガがあり、本田のサンニヤシ・ヨガは、強いカリスマ性や集中力をあらわす蠍座の惑星集中をしています。そして藤沢のサンニヤシ・ヨガは調和を重んじる天秤座にできています。原則的には、経営面では藤沢が主導権を取り本田がフォローする関係になっています。しかし、天秤座のサンニヤシ・ヨガであれば自己をむなしくして組織のために尽くす傾向が出てくるので、藤沢は支配的な行動はとりません。

一方、本田にとっては、経営の主導権を藤沢に譲り渡したからこそ、最先端のエンジン技術の開発に向けての激しい執念を燃やすことができたのです。普通であれば本田の方が世俗的に強い不満を抱いてうまくいきません。しかし、ここを割り切って経営面での世俗的欲望を断ち切り、技術開発に徹し切れたところに本田の偉大さがあります。これはサンニヤシ・ヨガの禁欲的側面が日本的な形で出たものといえます。

それ以外の相性は大変良い状態です。例えば、2人の人生観や思想性は一致しており、本田の経営ビジョンについて2人の意見は一致していたものと思われます。月もお互いに協力しあえる関係にあります。

Ⅶ. インド占星術フリーソフト

　本章では、海外で開発された「Junior Jyotish（ジュニア・ジョーティッシュ）」というインド占星術のホロスコープ作成ソフトを紹介します。使用許諾条件に合意すれば無料で使えますし、表示やメニューは英語ですが用語に慣れれば使用法は簡単です。このテキストで解説した技法を参考にしながら、自分のホロスコープを出してみましょう。

1　ソフトの入手方法

　インターネットから「ジュニア・ジョーティッシュ」というフリーソフトのダウンロードが可能です。以下は Windows 版の説明になります。

① JyotishTools.com（http://www.jyotishtools.com/dloads.htm）をブラウザで開きます。

②【Download Junior Jyotish for Windows for free】の部分をクリックすると、ファイルのダウンロードがはじまります。Internet Explorer では、セキュリティの警のメッセージが表示されることがありますが、そのまま【保存】をクリックし、パソコンにファイルを保存します。

※ インターネットでダウンロードしたファイルなので、念のためウイルス駆除ソフトでチェックしてください。

③ マイコンピュータを起動し、ダウンロードしたファイルが保存されたフォルダを開きます。(保存された場所分からない場合は、「jjsetup.exe」を検索して探してください。) jjsetup.exe をダブルクリックすると、プログラムのインストール画面が開きます。

④ セットアップを続行する場合は、【Next】をクリックします。

⑤ ソフトウェアを使用する上での条件が提示されます。ソフトの著作権の帰属先、プログラム・コードを調べないこと、ソフトを使用した結果の損害について無保証などをあらかじめ了承した上で使用してくださいという内容です。使用条件に同意する場合は【I accept the agreement】の左側の欄をチェックし、【Next】をクリックします。

⑥ ソフトのインストール先を指定します。初期設定では、Cドライブの Program Files に Junior Jyotish フォルダが新しく作成され、プログラムがコピーされます。

⑦ スタートメニューに登録するショートカットを設定します。問題なければ【Next】をクリックします。

⑧ デスクトップとタスクバーに、プログラムのアイコンを作成するかどうか設定できます。【Next】をクリックすると最終確認画面が表示され、【Install】をクリックすると、インストールが開始されます。

⑨ インストールが完了の画面が表示されたら、【Finish】をクリックして終了です。

2 チャートの作成

① プログラムを起動します。(スタートメニューから Junior Jyotish

を探してクリックします。

②メイン画面左上の【File】の【New】(新規作成)をクリックします。すると、Chart Data というボックスが表示されますので、以下の項目を記入します。

【Name】(名前):【First】名、【Last】姓。

【Time】(時間):【Hour】時間、【Minutes】分、AM(午前)PM(午後)。
(時間は12時間表記で、午後2時の場合は2:00PM)

【Zone】(時差):日本国内ならば「9」。【DST】(サマータイム)は、夏時間を使用していた場合はその値。

【Date】(日付):【Month】月(Jan(1月)〜Dec(12月))、【Day】日、【Year】年。

【Place】(場所):地名、【Longitude】(経度)、【Latitude】(緯度)は左のマスに度数、右のマスに分数。東経はEast、西経はWest。北緯はNorth、南緯はSouth。

③ 記入漏れを確認し、問題がなければ【OK】をクリック。

④ 保存する場合はメイン画面左上の【File】の【Save】から行います。

3 その他参考

【File】メニュー

【Open】(開く):既存のデータを開く

【Save】(保存):表示中のデータを保存(上書き)

【Save As…】(名前を付けて保存): 表示中のデータを名前を付けて保存

【Export】(エクスポート): 表示中のデータをテキスト形式、CSV形式でエクスポート

【Print…】（印刷）

【Print Preview】（印刷プレビュー）

【Print Setup】（プリンタの設定）

【1～4】（履歴）

【Current Prasna】（ホラリーチャート）：
あらかじめ設定されている場所と、現在の時間でチャートを作成

【View】メニュー

【Toolbar】（ツールバー）：ツールバーの表示・非表示

【Status Bar】（ステータスバー）：ステータスバーの表示・非表示

【Chart】（チャート）：
ラーシチャート、ナヴァームシャチャート、惑星の位置、惑星サイクル（マハーダシャー）の表示

【Dashas】（ダシャー）：
マハー / アンタラ、プラティヤンタラ・ダシャーの表示

【Divisional Charts】（分割図）：
分割図の表示（1/2、1/3、1/7、1/8、1/10、1/12）

【Ephemeris】（天文暦）：
任意の日付から日、週、月、年の間隔を選択

【Chart Style】（チャート・スタイル）：
北インド方式、南インド方式の選択

【Color Charts】（カラー・チャート）：白黒、カラー表示の選択

■巻末資料

＜チェックシート１＞

惑　星	在住星座	在住ハウス		品 位
		番号	分　類	
太陽 ☉				
月 ☽				
火星 ♂				
水星 ☿				
木星 ♃				
金星 ♀				
土星 ♄				
ラーフ ☊				
ケートゥ ☋				

＜チェックシート 2 ＞

惑　星	支配星座	在住ハウス	
		番号	分　類
太陽 ☉	獅子座 ♌		
月 ☽	蟹　座 ♋		
火星 ♂	牡羊座 ♈ 蠍　座 ♏		
水星 ☿	双子座 ♊ 乙女座 ♍		
木星 ♃	射手座 ♐ 魚　座 ♓		
金星 ♀	牡牛座 ♉ 天秤座 ♎		
土星 ♄	山羊座 ♑ 水瓶座 ♒		
ラーフ ☊	－		
ケートゥ ☋	－		

<チェックシート3>

惑　星	生来的吉凶	コンビネーション	ヨガ	機能的吉凶
太陽 ☉	生来的凶星			
月 ☽	条件次第			
火星 ♂	生来的凶星			
水星 ☿	生来的吉星			
木星 ♃	生来的吉星			
金星 ♀	生来的吉星			
土星 ♄	生来的凶星			
ラーフ ☊	生来的凶星			
ケートゥ ☋	生来的凶星			

惑星の機能的吉凶の判断一覧表

※惑星の（　）内の数字は支配ハウスの数字です

アセンダント	機能的吉星	機能的凶星	中立および吉凶混合
牡羊座 ♈	木星 ♃ (9, 12) 太陽 ☉ (5) 火星 ♂ (1, 8)	土星 ♄ (10, 11) 水星 ☿ (3, 6) 金星 ♀ (2, 7) 月 ☽ (4)	
牡牛座 ♉	土星 ♄ (9, 10) 水星 ☿ (2, 5) 火星 ♂ (7, 12) 太陽 ☉ (4)	木星 ♃ (8, 11) 金星 ♀ (1, 6) 月 ☽ (3)	
双子座 ♊	金星 ♀ (5, 12) 土星 ♄ (8, 9)	火星 ♂ (6, 11) 木星 ♃ (7, 10) 太陽 ☉ (3)	月 ☽ (2) 水星 ☿ (1, 4)
蟹　座 ♋	火星 ♂ (5, 10)	金星 ♀ (4, 11) 水星 ☿ (3, 12)	土星 ♄ (7, 8) 月 ☽ (1) 太陽 ☉ (2) 木星 ♃ (6, 9)
獅子座 ♌	火星 ♂ (4, 9) 太陽 ☉ (1)	水星 ☿ (2, 11) 金星 ♀ (3, 10)	木星 ♃ (5, 8) 月 ☽ (12) 土星 ♄ (6, 7)
乙女座 ♍	金星 ♀ (2, 9)	月 ☽ (11) 火星 ♂ (3, 8) 木星 ♃ (4, 7)	土星 ♄ (5, 6) 太陽 ☉ (12) 水星 ☿ (1, 10)
天秤座 ♎	土星 ♄ (4, 5) 水星 ☿ (9, 12) 金星 ♀ (1, 8) 火星 ♂ (2, 7)	太陽 ☉ (11) 木星 ♃ (3, 6) 月 ☽ (10)	
蠍　座 ♏	月 ☽ (9) 木星 ♃ (2, 5) 太陽 ☉ (10)	水星 ☿ (8, 11) 金星 ♀ (7, 12)	火星 ♂ (1, 6) 土星 ♄ (3, 4)
射手座 ♐	火星 ♂ (5, 12) 太陽 ☉ (9)	金星 ♀ (6, 11) 土星 ♄ (2, 3) 水星 ☿ (7, 10)	木星 ♃ (1, 4) 月 ☽ (8)
山羊座 ♑	金星 ♀ (5, 10) 水星 ☿ (6, 9) 土星 ♄ (1, 2)	火星 ♂ (4, 11) 木星 ♃ (3, 12) 月 ☽ (7)	太陽 ☉ (8)
水瓶座 ♒	金星 ♀ (4, 9) 太陽 ☉ (7) 火星 ♂ (3, 10) 土星 ♄ (1, 12)	木星 ♃ (2, 11) 月 ☽ (6)	水星 ☿ (5, 8)
魚　座 ♓	月 ☽ (5) 火星 ♂ (2, 9)	土星 ♄ (11, 12) 太陽 ☉ (6) 金星 ♀ (3, 8) 水星 ☿ (4, 7)	木星 ♃ (1, 10)

備考：この表はあくまで目安です。惑星配置やアスペクトの影響によってはこの限りではないので、あくまで参考としてください。

星座に関する図表

星座の定位置

魚座 ♓	牡羊座 ♈	牡牛座 ♉	双子座 ♊
水瓶座 ♒			蟹座 ♋
山羊座 ♑			獅子座 ♌
射手座 ♐	蠍座 ♏	天秤座 ♎	乙女座 ♍

支配星

木星 ♃	火星 ♂	金星 ♀	水星 ☿
土星 ♄			月 ☽
土星 ♄			太陽 ☉
木星 ♃	火星 ♂	金星 ♀	水星 ☿

2区分

陰	陽	陰	陽
陽			陰
陰			陽
陽	陰	陽	陰

3要素

変通	活動	固着	変通
固着			活動
活動			固着
変通	固着	活動	変通

4元素

水	火	地	風
風			水
地			火
火	水	風	地

ハウスの分類

分類	吉凶 在住	吉凶 支配	1室	2室	3室	4室	5室	6室	7室	8室	9室	10室	11室	12室
トリコーナ	◎	◎	○				○				○			
ケンドラ	○	吉星× 凶星○	○			○			○			○		
ウパチャヤ	吉星△ 凶星○	×			○			○				○	○	
ドゥシュタナ	×	×						○		○				○
マラカ	×	×		○					○					
中立	-	△		○							○			○

惑星に関する図表

※数字は度数をあらわします

高揚の配置

♀ 27	☉ 10	☽ 3	
			♃ 5
♂ 28			
		♄ 20	☿ 15

減衰の配置

☿ 15	♄ 20		
			♂ 28
♃ 5			
	☽ 3	☉ 10	♀ 27

ムーラトリコーナの配置

	♂ 0－12	☽ 4－27	
♄ 0－20			
			☉ 0－20
♃ 0－10		♀ 0－15	☿ 16－20

友好星座

♂ ☉	♃ ☉	♄ ☿	♄ ♀ ☽
♀			♃ ☉
♀			♃ ♂ ☽ ☿
♂ ☉	♃ ☉	♄ ☿	♄ ♀ ☽

中立星座

☽ ☿ ♄	☽ ☿ ♀	☽ ♂	☉
☽ ♂ ☿ ♃			
☽ ☿ ♃			
☽ ☿ ♄ ♀	☽ ☿ ♀	☽ ♂	☉

敵対星座

	♄	♃ ☉	♃ ♂
☉			♄ ♀ ☿
☉			♄ ♀
	♄	♃ ☉	♃ ♂

トランジットとハウス

太陽 ☉	
1ハウス	移転
2ハウス	富の損失
3ハウス	金銭的収入、成功
4ハウス	不名誉
5ハウス	悲しみ、病気、当惑
6ハウス	敵の殲滅
7ハウス	旅行、不健康
8ハウス	闘争、不和
9ハウス	侮辱、別離
10ハウス	成功
11ハウス	名誉、健康、収入
12ハウス	闘争、金銭の損失

月 ☽	
1ハウス	良い気分、食物
2ハウス	出費
3ハウス	金銭の獲得
4ハウス	事故、病気
5ハウス	不和
6ハウス	幸運
7ハウス	友情、利益
8ハウス	困難、出費
9ハウス	脅迫、心配
10ハウス	利益、幸福
11ハウス	幸福、金銭の獲得
12ハウス	不幸、損失

火星 ♂	
1ハウス	悲しみ、事故
2ハウス	出費
3ハウス	金銭の獲得、喜び
4ハウス	敵からの困難
5ハウス	損失、子供の病気
6ハウス	金銭の獲得
7ハウス	疲労、妻（夫）の事故
8ハウス	不安、危険
9ハウス	出費
10ハウス	変化、悲しみ
11ハウス	金銭の獲得、心の平安
12ハウス	病気、失墜

水星 ☿	
1ハウス	困難、苦労
2ハウス	金銭の獲得
3ハウス	不運
4ハウス	幸運
5ハウス	貧乏
6ハウス	成功
7ハウス	病気
8ハウス	喜び、幸運の出来事
9ハウス	不運、心配事
10ハウス	楽しみ
11ハウス	幸福、利益
12ハウス	出費、誤解

木星 ♃	
1ハウス	旅行、不安、報償
2ハウス	利益、金銭の獲得
3ハウス	障害、不健康
4ハウス	金銭の損失、出費
5ハウス	幸福、子供の誕生
6ハウス	不運
7ハウス	健康、幸運
8ハウス	危険、不満
9ハウス	富の執着、悪い評判
10ハウス	別離、不健康、散財
11ハウス	利益、成功
12ハウス	障害、トラブル

金星 ♀	
1ハウス	健康、喜び
2ハウス	金銭の獲得、幸運
3ハウス	幸運、楽しい交際
4ハウス	財の獲得
5ハウス	幸福、子供の誕生
6ハウス	敵への不安、予期せぬ出費
7ハウス	心配、妻（夫）との口論
8ハウス	収入
9ハウス	金銭、衣服、友人の獲得
10ハウス	不快、スキャンダル
11ハウス	喜び、利益
12ハウス	良い経済状態、心の平安

土星 ♄	
1ハウス	危険、金銭のロス
2ハウス	悲しみ、事故
3ハウス	利益、繁栄
4ハウス	出費、病気、トラブル
5ハウス	悲嘆、トラブル
6ハウス	幸福、繁栄
7ハウス	心身の障害、苦しみ
8ハウス	不安、悪い評判、心配
9ハウス	金銭の損失、不健康、不運
10ハウス	財産の損失
11ハウス	悲惨、収入の増加
12ハウス	危険、心配、金銭的損失

ラーフ ☊／ケートゥ ☋	
1ハウス	病気と不安
2ハウス	損失、口論、誤解
3ハウス	幸福、良い経済状態
4ハウス	病気、危険、悲しみ
5ハウス	損失、心配
6ハウス	喜び、幸福
7ハウス	損失、不安
8ハウス	生命の危険
9ハウス	口論、不安、損失
10ハウス	敵
11ハウス	幸福、金銭の獲得
12ハウス	出費、危険

ダブルトランジットで現象化する事象

1ハウス	開運、健康、仕事
2ハウス	商売、家族
3ハウス	趣味、自己啓発、訓練
4ハウス	母親、不動産、家庭
5ハウス	恋愛、出産、イベント
6ハウス	病気、争い、試験
7ハウス	結婚、人間関係
8ハウス	災難、悩みごと、研究
9ハウス	幸運、宗教、教育
10ハウス	社会的成功、仕事
11ハウス	願望成就、社会的評価
12ハウス	投資、出費、海外

木星・土星のトランジット表

木星と土星のトランジットの移動状況を下記の表より確認できます

♃ 木星

年月日	時間	惑星	星座	順行 / 逆行
01 / 23 / 1960	00：50	木星	射手座	
02 / 10 / 1961	15：05	木星	山羊座	
02 / 25 / 1962	03：00	木星	水瓶座	
03 / 07 / 1963	22：25	木星	魚座	
03 / 15 / 1964	06：20	木星	牡羊座	
08 / 04 / 1964	02：30	木星	牡牛座	
10 / 27 / 1964	02：50	木星	牡羊座	逆行
03 / 21 / 1965	14：50	木星	牡牛座	
08 / 06 / 1965	05：40	木星	双子座	
01 / 10 / 1966	06：25	木星	牡牛座	逆行
03 / 24 / 1966	08：55	木星	双子座	
08 / 22 / 1966	03：00	木星	蟹座	
09 / 14 / 1967	17：40	木星	獅子座	
10 / 12 / 1968	09：45	木星	乙女座	
11 / 12 / 1969	04：25	木星	天秤座	
12 / 11 / 1970	18：55	木星	蠍座	
01 / 06 / 1972	10：15	木星	射手座	
01 / 25 / 1973	15：40	木星	山羊座	
02 / 09 / 1974	13：15	木星	水瓶座	
02 / 19 / 1975	21：20	木星	魚座	
07 / 18 / 1975	23：15	木星	牡羊座	
09 / 11 / 1975	06：05	木星	魚座	逆行
02 / 25 / 1976	20：50	木星	牡羊座	
07 / 08 / 1976	20：55	木星	牡牛座	
12 / 08 / 1976	19：10	木星	牡羊座	逆行
02 / 22 / 1977	21：20	木星	牡牛座	
07 / 18 / 1977	13：55	木星	双子座	
08 / 05 / 1978	13：25	木星	蟹座	
08 / 29 / 1979	22：40	木星	獅子座	

年月日	時間	惑星	星座	順行/逆行
09/26/1980	21：15	木星	乙女座	
10/27/1981	11：15	木星	天秤座	
11/26/1982	09：45	木星	蠍座	
12/22/1983	06：45	木星	射手座	
01/10/1985	18：10	木星	山羊座	
01/25/1986	10：25	木星	水瓶座	
02/03/1987	04：20	木星	魚座	
06/17/1987	00：50	木星	牡羊座	
10/26/1987	08：40	木星	魚座	逆行
02/03/1988	05：25	木星	牡羊座	
06/20/1988	02：05	木星	牡牛座	
07/02/1989	08：30	木星	双子座	
07/21/1990	02：25	木星	蟹座	
08/14/1991	18：15	木星	獅子座	
09/11/1992	21：26	木星	乙女座	
10/12/1993	21：10	木星	天秤座	
11/11/1974	15：05	木星	蠍座	
12/07/1995	09：55	木星	射手座	
12/26/1996	11：05	木星	山羊座	
01/08/1998	19：05	木星	水瓶座	
05/26/1998	07：30	木星	魚座	
09/10/1998	15：05	木星	水瓶座	逆行
01/13/1999	06：40	木星	魚座	
05/26/1999	20：00	木星	牡羊座	
06/02/2000	22：35	木星	牡牛座	
06/16/2001	11：05	木星	双子座	
07/05/2002	15：55	木星	蟹座	
07/30/2003	15：25	木星	獅子座	
08/28/2004	02：55	木星	乙女座	
09/28/2005	08：45	木星	天秤座	
10/28/2006	01：20	木星	蠍座	
11/22/2007	07：55	木星	射手座	
12/10/2008	02：20	木星	山羊座	
05/01/2009	20：35	木星	水瓶座	
07/31/2009	01：10	木星	山羊座	逆行
12/20/2009	02：35	木星	水瓶座	

年月日	時間	惑星	星座	順行 / 逆行
05 / 02 / 2010	10：35	木星	魚座	
11 / 01 / 2010	20：15	木星	水瓶座	逆行
12 / 06 / 2010	08：50	木星	魚座	
05 / 08 / 2011	16：50	木星	牡羊座	
05 / 17 / 2012	12：10	木星	牡牛座	
05 / 31 / 2013	09：30	木星	双子座	
06 / 19 / 2014	11：30	木星	蟹座	
07 / 14 / 2015	09：15	木星	獅子座	
08 / 12 / 2016	00：30	木星	乙女座	
09 / 12 / 2017	10：05	木星	天秤座	
10 / 11 / 2018	22：45	木星	蠍座	
03 / 29 / 2019	23：05	木星	射手座	
04 / 23 / 2019	05：00	木星	蠍座	逆行
11 / 05 / 2019	08：50	木星	射手座	

♄ 土星

年月日	時間	惑星	星座	順行 / 逆行
02 / 02 / 1961	03：30	土星	山羊座	
09 / 18 / 1961	00：25	土星	射手座	逆行
10 / 08 / 1961	08：10	土星	山羊座	
01 / 27 / 1964	23：40	土星	水瓶座	
04 / 09 / 1966	08：50	土星	魚座	
11 / 03 / 1966	14：25	土星	水瓶座	逆行
12 / 20 / 1966	05：55	土星	魚座	
06 / 17 / 1968	10：30	土星	牡羊座	
09 / 28 / 1968	13：05	土星	魚座	逆行
03 / 07 / 1969	18：35	土星	牡羊座	
04 / 28 / 1971	13：00	土星	牡牛座	
06 / 10 / 1973	21：35	土星	双子座	
07 / 23 / 1975	18：55	土星	蟹座	
09 / 07 / 1977	14：00	土星	獅子座	
11 / 04 / 1979	04：45	土星	乙女座	

年月日	時間	惑星	星座	順行/逆行
03 / 15 / 1980	08：45	土星	獅子座	逆行
07 / 27 / 1980	13：00	土星	乙女座	
10 / 06 / 1982	10：30	土星	天秤座	
12 / 21 / 1984	12：35	土星	蠍座	
06 / 01 / 1985	05：55	土星	天秤座	逆行
09 / 17 / 1985	08：45	土星	蠍座	
12 / 17 / 1987	05：45	土星	射手座	
03 / 21 / 1990	09：15	土星	山羊座	
06 / 20 / 1990	23：20	土星	射手座	逆行
12 / 15 / 1990	03：05	土星	山羊座	
03 / 05 / 1993	20：20	土星	水瓶座	
10 / 16 / 1993	00：00	土星	山羊座	逆行
11 / 10 / 1993	00：30	土星	水瓶座	
06 / 02 / 1995	11：25	土星	魚座	
08 / 10 / 1995	08：30	土星	水瓶座	逆行
02 / 16 / 1996	20：40	土星	魚座	
04 / 17 / 1998	16：20	土星	牡羊座	
06 / 07 / 2000	04：35	土星	牡牛座	
07 / 29 / 2002	11：45	土星	双子座	
01 / 08 / 2003	17：20	土星	牡牛座	逆行
04 / 07 / 2003	23：50	土星	双子座	
09 / 06 / 2004	07：45	土星	蟹座	
01 / 19 / 2005	19：15	土星	双子座	逆行
05 / 25 / 2005	10：20	土星	蟹座	
11 / 01 / 2006	09：00	土星	獅子座	
01 / 10 / 2007	23：45	土星	蟹座	逆行
07 / 16 / 2007	07：00	土星	獅子座	
09 / 10 / 2009	01：50	土星	乙女座	
11 / 15 / 2011	11：50	土星	天秤座	
05 / 16 / 2012	13：35	土星	乙女座	逆行
08 / 04 / 2012	08：45	土星	天秤座	
11 / 02 / 2014	23：10	土星	蠍座	
01 / 26 / 2017	22：15	土星	射手座	
06 / 21 / 2017	08：50	土星	蠍座	逆行
10 / 26 / 2017	18：35	土星	射手座	

おわりに

　西洋占星術に比べてインド占星術の普及が遅れた主要な理由は、言語の壁によるものでしょう。それがサンスクリット語文献から英語への翻訳が進むにつれイギリス、アメリカ、ロシアと普及しましたが、英語圏でもない日本ではまだまだこれからの現状にあります。思えば日本のインド占星術は、約40〜50年前の本格的な西洋占星術が伝えられた黎明期と同じような状況にあると思います。あともう1つは論理的で緻密な構成を持つインド占星術が敬遠されがちだった面もあるでしょう。

　そのような意味で、なんとか日本人の手による日本語の分かりやすくかつ親しみやすい本、それでいて高い的中率を誇るインド占星術の優れた本質をきちんと伝えられる本を書きたいと思っていました。インド占星術に対する食わず嫌いをなくして、その魅力を分かって欲しいという思いがあります。インド占星術はこれから日本で普及していくと期待しています。しかし、それだけに最初のスタートが肝心という思いがあります。「分かりやすさ」とともに真摯なインド占星術研究者のお叱りを受けることのない内容にすることも、同時に心掛けたつもりです。

　最後に本書の出版の機会を与えていただいた説話社の方々、特に尽力いただいた高木利幸さん、崎浜あず美さんのご協力に大変感謝するものであります。

著者紹介

本多信明（ほんだ・のぶあき）

日本では数少ない本格的なインド占星術の研究家である。背景に深い精神文化と高い的中率を誇るインド占星術を深く研究している。

インド占星術の背景にあるインドの精神文化、特にチベット密教、クンダリーニヨガ、アーユルヴェーダなどにも造詣が深い。また、ハーモニクス西洋占星術、キローの手相術、真勢流の周易をはじめとして中国系占術にも大変明るい。

インド占星術と西洋占星術を駆使した教育、鑑定、研究には定評がある。特に職業占星術、ビジネス・金融占星術、医療占星術、が得意分野である。ブログ「インド占星術鑑定室」に掲載されている「占星術による人物評伝」は面白いと好評である。

趣味は声楽で、ドイツリートを歌わせると玄人はだしとの定評がある。

慶応義塾大学出身。英国占星術協会会員。

「インド占星術鑑定室」　http://astro459.com/

基礎からはじめるインド占星術入門
（きそ）（せんせいじゅつにゅうもん）

発行日　2010年　2月25日　初版発行
　　　　2019年　11月1日　第4刷発行

著　者　本多信明
発行人　酒井文人
発行所　株式会社説話社
〒169-8077　東京都新宿区西早稲田1-1-6
電話／03-3204-8288（販売）　03-3204-5185（編集）
振替口座／00160-8-69378
URL／http://www.setsuwa.co.jp/

デザイン　市川さとみ
編集担当　崎浜あず美・高木利幸

印刷・製本　株式会社平河工業社
© Nobuaki Honda Printed in Japan 2010
ISBN 978-4-916217-78-3　C2011

落丁本・乱丁本はお取り替えいたします。
購入者以外の第三者による本書のいかなる電子複製も一切認められていません。